ストーリー仕立てで
わかりやすい解説

石田雅彦
Masahiko ISHIDA

プレミアム
戸建賃貸
資産活用術

ダイヤモンド社

目次

第Ⅲ章

戸建て新築プレミアムって魅力的！

第Ⅳ章

いかに魅力的な物件を安く建てられるのか？

第Ⅴ章 少ない元手で将来への不安を払拭させる

はじめに

「人生設計がこれほど難しい時代はない」

そんな声をよく聞く。

政府による積極的な経済金融政策で、一部の富裕層は株高で儲けたり、都心の不動産が値上がりしてファイナンスによるキャッシュフローを手にしたり、そんな景気のいい話題もある。また大企業の多くでは、史上最高の利益を出したりしている。

しかし、一般の国民、とりわけ30代40代の子育て世代の持つ不安感はかなり根強くて、消費行動にもそれが顕著に表れ、株高で円安なのに今一つ景気の浮揚感が起きない大きな理由にもなっている。企業はその儲けを内部留保にして溜め込み、大規模な設備投資や思い切った賃上げに反映させていない。消費税などが上がり、社会保障費が削られ、輸入品を中心にジワジワと物価が上がっている。賃上げがあるのは一部の上場企業だけで大半は上がっていない。安定しているのは公務員。大部分の中小企業では、据え置きか、福利厚生費の打ち切りや切り下げで実質的な賃下げになっているところも少なくない。

今の時代の子育て世代は、その人生のほとんどをいわゆる「失われた20年」というバブル経済以後に送った人たちだ。生まれてからずっと不景気。学校を出ても就職難であり、少子高齢化の危機が声高に叫ばれ続け、政治にも期待が持てないまま大きくなった。

国や自治体の財政は、一般国民でもすぐにわかるほど大赤字で、それでも国民の預貯金などが赤字額よりずっと多かった頃はまだ少しは安心感があったが、２０００年代以降それも切り崩され、昨今では国民総資産の財政赤字に対するアドバンテージもあまり実感がわかない。

子育て世代では、年金不安も大きい。現在35歳の人が70歳で支給される年金額は17万円だそうだ。

もちろん、将来のことは誰にもわからない。だが、漠然とした不安が社会をおおっているのだけは確かだろう。

冒頭に述べた難しい「人生設計」では、就職や結婚、出産などに加え、住居、どこのどんな住居に住むのかという問題も大きい。

これだけ将来が不安な時代では、安定した収入にも安定した勤め先にも、そうそう期待できないだろう。全額あるいはほとんどを自己資金で充当し、マイホームを建てることができる若い世代はほとんどいない。

つまり、何十年もの住宅ローンを組まなければ住宅を購入することは難しい、ということになるが、収入や雇用が不安定な状況ではリスクが大き過ぎる選択だ。そもそも分譲マンションにせよ土地付き一戸建てにせよ、持ち家は将来的に安定して安心な資産にはならない。なぜならマンションの場合、経年劣化があるし、土地にしても少子高齢化の時代に資産価値が上がるとはとうてい予想できないからだ。

将来が不安な時代の住居選びは、いったいどのようなものになっていくのだろう。特に、これから結婚する世代や子育て世代など、今後の消費を担う人たちの住居選びはどのように変化していくのだろう。また、少子高齢化が進む中、不透明な経済環境や不安定な雇用が改善されない状況下で、私たちが生き抜いていくためにはどうすればいいのだろう。

本書では、このような住居選びや若い世代の価値観の変化などを踏まえ、この時代を生き抜いていくための一つの方法である戸建て賃貸投資について紹介する。つまり、住居という人間活動において欠くことのできない対象とその市場動向などを分析しつつ、経済的な将来の不安を取り除くために戸建て賃貸という不動産投資を利用しよう、というわけだ。

いわゆるアベノミクス景気で株やFXなどに対する投資がバブルのような様相を呈していた。だが、その熱気も今ではやや沈静化し、投機的な投資や大きな資金を動かす投資にはなかなか手を出しにくい状況になっているのは確かだろう。

一方、多種多様な投資の方法の中、ローリスクで安定した賃貸収入が期待できる不動産投資は、依然としてほかの投資方法よりも利点が多い。さらに、その中でもできるだけリスクを低く抑えられるのが戸建て賃貸なのだ。

不動産投資の市場環境を細かく分析した本書を読んでいただければ、その理由がよくわかり納得していただけるだろう。土地などの資産運用を考えている人たちも将来に不安を抱く人たちも、資産の組み替えを考えている人も、手持ち自己資金は少ないけれど不動産投資を考えている人も、この戸建て賃貸というチョイスには大きな可能性がある。

まず最初は、日本の社会状況を俯瞰的に眺めつつ、住居選びの市場環境や不動産投資における主な顧客である若い世代の価値観の変化などについて考え、その後、具体的なシミュレーションをストーリー仕立てで進めていく。現地で取材したことや関係者へのインタビュー、実体験などをからめながら戸建て賃貸という不動産投資について、わかりやすく紹介したつもりだ。最後まで読んでいただければ幸いである。

序章

不透明な時代と安定資産形成の可能性

すでに自宅を買う経済環境にはない日本

いきなりグラフが出てきて恐縮だが、このグラフは読者の皆さんにとって見慣れたものかもしれない。政府行政は多種多様な統計データを出しているが、人口統計や簡易生命表などは過去から現在、そして将来まではっきりこうなるとわかる数少ないデータとなっている。

これを見れば、バブル以前から21世紀半ばまで、日本の人口構成がどうなるか一目瞭然だ。本題に入る前に、俯瞰的に日本の経済状況の概観とこの先20年、30年後の不動産市場についてざっと眺めてみたい。

日本で家を買う平均的な年齢は、だいたい30代後半と言われている。仮に今年生まれた人がこの年代に達するとき、いったいこの世代の人口がどれくらいかは瞬時にわかる。統計データによれば、三十数年後の30代後半の世代の人口はおよそ二分の一、約半分になる。

家を買いたがる世代の人口は、もし今、ローンを組んで家を建てたとするとローンを返し終えた頃には今の半分になっている、というわけだ。今、土地付き一戸建てを購入して

図１　年齢区別将来人口計

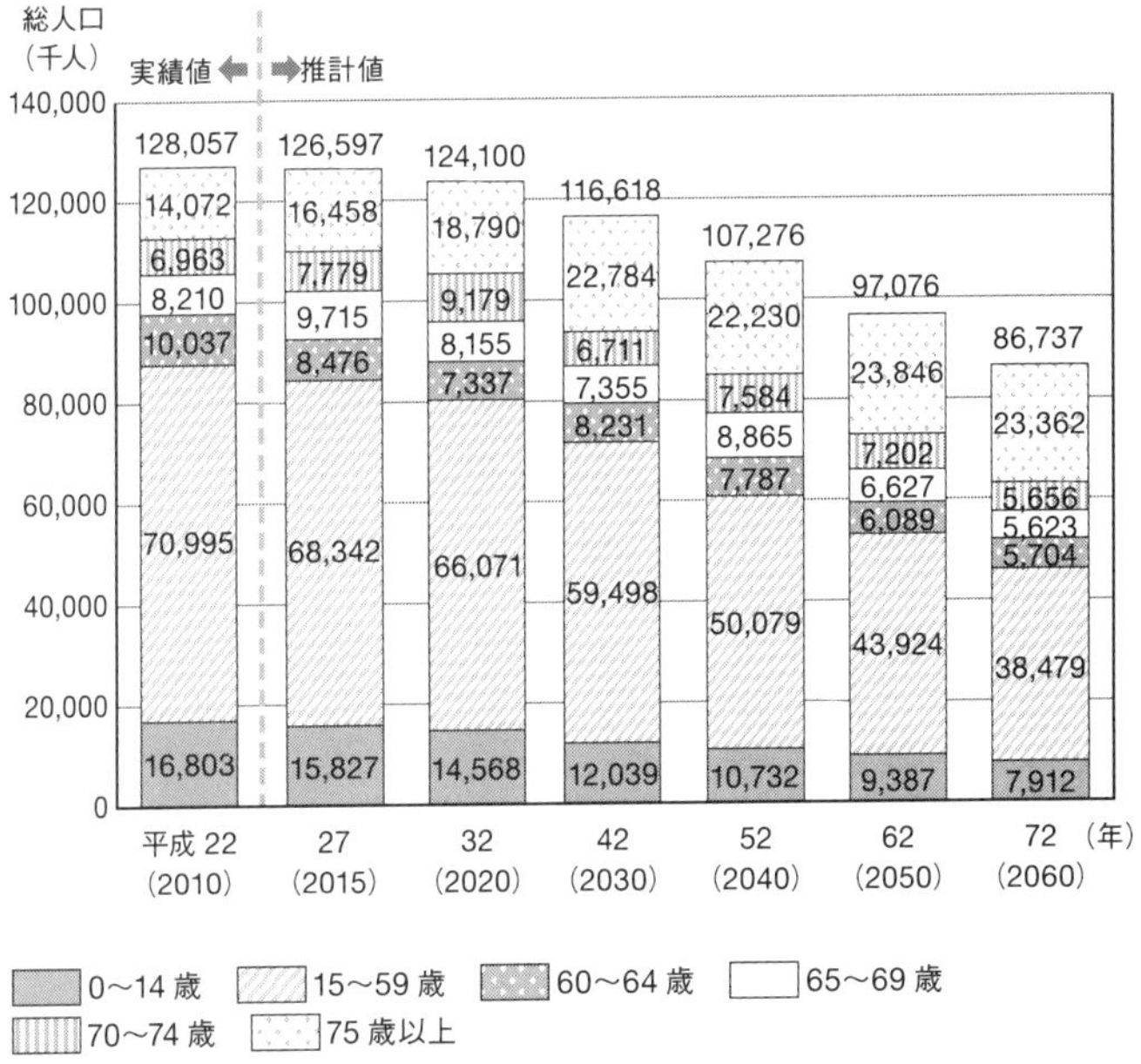

資料：2010年は総務省「国勢調査」、2015年以降は国立社会保障・人口問題研究所「日本の将来推計人口（平成24年1月推計）」の出生中位・死亡中位仮定による推計結果
（注）2010年の総数は年齢不詳を含む。

総務省「平成27年版高齢社会白書」より
http://www8.cao.go.jp/kourei/whitepaper/w-2015/html/zenbun/s1_1_1.html

も将来の人口予想から考えれば、それが有用な価値のある資産になることはほぼない、と予想できる。

新築物件の売れ行きも鈍化し、都心の超高級物件はともかく、首都圏でも販売戸数が減っている。一時の不動産ミニバブルで、マンションが供給過剰になっていることも大きい。需給バランスが崩れて周辺の空室率が上がれば、インフラや治安などの住環境も購入時から大きく変化するし、ひいてはそれが資産の目減りにつながることも十分に予想できる。不動産の購入には予想可能なものや不可能なものを含め、多種多様なリスクがある。不安定な将来を考えれば、一戸建てや分譲マンションなどの購入を早急に決断すべきことでもない、ということになる。

持ち家に対する価値観の変化とは

不動産購入のメイン市場である30代後半の世代の価値観も大きく変化しつつある。所有から共有、リース、シェア、賃貸へ、という変化だ。

クルマが売れない、という話を耳にすることが多いが、自分の車を買って所有する、というスタイルを今の若い世代は選択しない。ただでさえ、日本の税制はクルマ所有に過酷だ。さらに、保険料もかかれば駐車場代も安くない。

自家用車を持つことに価値を見出さない世代は、一方でレンタカーでも気にしないし、持っていなくても恥ずかしく思わない。それが今の若い世代の価値観で、これは不動産にも同じことが言える。

ただ、政府や行政などの意識調査を眺めてみると、依然として一戸建ての「持ち家」指向が根強いのも確かだ。

平成26年度の国交省による「土地問題に関する国民の意識調査」によると、住み替えの理由として「自分の持ち家でないから」との回答が最も多く（37％）、望ましい住宅の形態を「一戸建て」と回答した割合は67・1％となっている。同調査によれば、土地と建物を両方とも所有したい、と回答した割合は77・0％とかなり高い。一方、借家（賃貸住宅）でかまわない、と回答した割合は15・8％だった。

その理由としては「子どもや家族に土地・建物の形で財産を残したいから」が最も多く、次に「土地・建物は他の資産と比べて有利な資産だから」や「借地・借家では生活や権利が不安定であり満足できないから」「土地・建物が所有できるなら、家賃等を払うよりローンを支払うほうがいいから」が続く。

こうした統計データでは、国交省のもの以外でも同様の傾向を示している。市場のニーズは依然として「持ち家信仰」のままのように感じる。

だが、このデータは果たして本当なのだろうか。

願望と現実は違う。土地建物を所有したいと回答したサンプルの中で、実際に土地付き一戸建てや分譲マンション不動産を購入した実数がどれくらいいるのかは、このデータからは見えてこない。

たとえば、国交省の国民意識調査でもサンプルの約83％が持ち家で土地所有も約74％だ。母集団が、現在も自己所有の不動産を持ち、実際そこに住んでいるわけで、これを差し引いてデータを見なければならないだろう。

賃貸住宅に住んでいる人の回答で、土地と建物を両方とも所有したい、という割合は、一気に45・4％に減る。全体でのその割合は77・0％だから、実際に持ち家を持っている人の感覚と「持たざる者」の意識の差は歴然としている。

繰り返すようだが現状の若い世代について確実に言えるのは、長期ローンを組んで不動産を購入するには大きなリスクを覚悟しなければならない、ということだ。

仮に、35歳のサラリーマンが35年ローンを組んだとする。ローンが終わるのは今から35年後だ。今、35歳だとすれば、ローン終了は2050年になる。2050年、気の遠くなるような未来だ。

70歳のとき、この人は今の勤め先をとっくに円満に退職しているはずだが、退職金はちゃんともらえているだろうか。60歳で定年とすると残り10年間のローン返済はどうするのだろうか。退職金を充当するのだろうか。

そもそもこの人は今の会社にずっと勤め続けているのだろうか。また今の会社は、25年後も倒産せずに存在し続けているのだろうか……。

人生には、未知の出来事が待ち構えている。未知の将来を恐れてばかりいても仕方ないが、前述したように需要が半分に減るのだから35年後にその不動産をある程度の価格で売却しようとしても難しい。

ただ、市場には「一戸建て」に対するニーズは確実にある。先ほどの国交省の国民意識調査でも、望ましい住宅の形態を「一戸建て」と回答した割合は67・1％と最も多い。

需要と現実のギャップをどう考えればいいのだろう。

ある調査によれば、賃貸派の多くは将来、住み替えを予定していたり転勤などの可能性がある。

現状、賃貸に住んでいる人たちは、住み替えのしやすさ、災害やローンなどのリスク、

図2　住宅の所有に関する意識

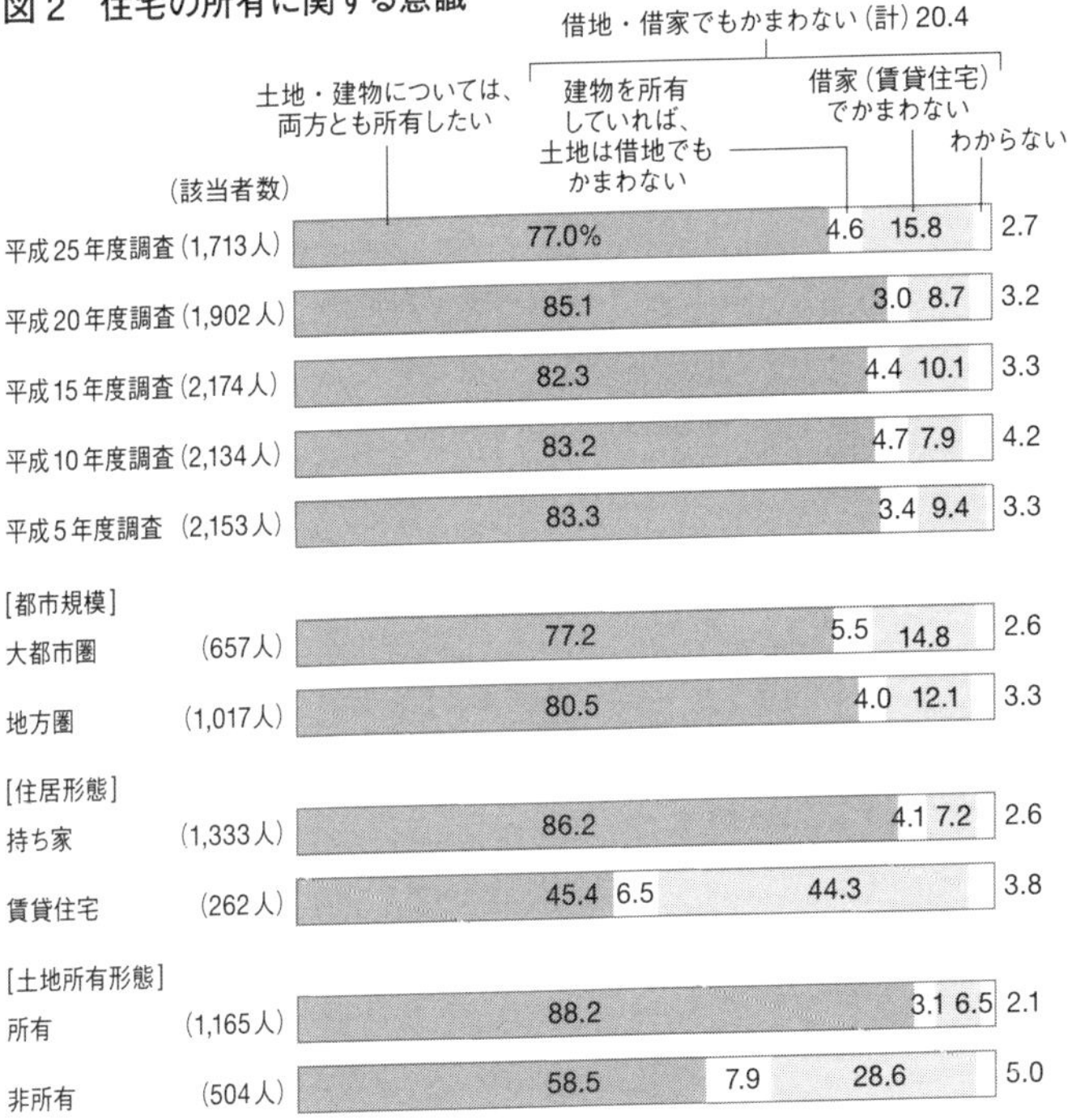

国土交通省、平成26年度「土地問題に関する国民の意識調査」より

通勤通学の利便性などを考え、賃貸の住環境を選んでいるわけだ。一戸建て信仰の人には、子どもが生まれたから、というものや前述で紹介したような明確な理由がある。

現在、賃貸派の人も将来、勤務先が変わったり年収が増え続けることが期待できたり、そうした様々な環境変化で持ち家派に変わるかもしれない。２０１３年以降、政府が推し進めた経済金融政策の結果、世代間格差や経済格差が助長され、世帯収入も二極化している。持ち家を持ちたくても経済的に持てない層が増えているのかもしれない。

実際、世帯年収が上がるにつれ、当然だが持ち家率も増える。現実的には、30代後半で年収７００万円以上の世帯でなければ持ち家は持てないだろう。

いずれにせよ、一概にどちらがいいか言えない。それが我々の住宅に関する考え方だ。

アパマン時代の終焉

では、こうした環境下で安定した生活を担保してくれるものはいったい何だろうか。

ある程度のまとまった資産がある恵まれた人ばかりではない。ほとんどの人は、資産と言っても数千万円がいいところで、相続などを考えれば資産と言っても広い土地を持っているのは考え物だ。あまり資産を持っていない人やまだ若い世代にとって、小さな政府を指向する現状の政策から国家を頼りにし過ぎるのは危険だろう。

では、自分で何ができるか。少額でもリスクが低く、安定して中長期のリターンが見込まれる投資に不動産がある。ここからは、投資対象としての不動産を考えてみたい。

サブリースという言葉がある。とりわけ不動産賃貸業で、業者がオーナーから土地や建物などを一括で借り上げ、それを又貸しするビジネスのことだ。

人口減少地域や環境変化の激しい地域で、住居の供給過剰が起きている原因の一つが、このサブリースによる集合住宅やアパートの乱立だ。

不動産投資に限らず、投資にはすべてリスクがつきものだが、不動産投資の場合、やはり空室率や管理のリスクが大きい。

サブリースでは、業者がオーナーに代わって賃貸物件を建築し、貸借人の募集や管理などを肩代わりし、一定の手数料を差し引いた保証金を空室リスクも含めて支払ってくれる。

一種の「家賃保証」で、オーナーにしてみれば空室リスクを業者が負ってくれるので、これほど有利なことはない。

遊休土地を活用したいオーナーや農地を転用したいオーナー、また相続税を軽減したいオーナーなどが、業者の提案するサブリースというシステムでアパート経営に乗り出し、また大手ハウスメーカーや建材メーカーなども続々と参入する。その結果、全国で集合住宅やアパートなどが増えてしまった。供給過剰になれば、当然、空室率が上がる。

総務省統計局の「平成25年 住宅・土地統計調査」によれば、全国の空き家数は約820万戸と過去最高で、全国の住宅の13・5％が空き家となっている。これは一戸建てやアパートの部屋などを含む住居について調べたもので、全国の賃貸用の空き家数の80％以上が民営だと言う。

空室が上がったことで、サブリースの保証金が支払われる期間は、当初は10年から15年の超長期の条件もあったが、現在、多くのサブリース業者が提案する契約内容は、2年から5年の間で見直す、というものになっているようだ。

図3　空き家数及び空き家率の推移－全国（昭和38～平成25年）

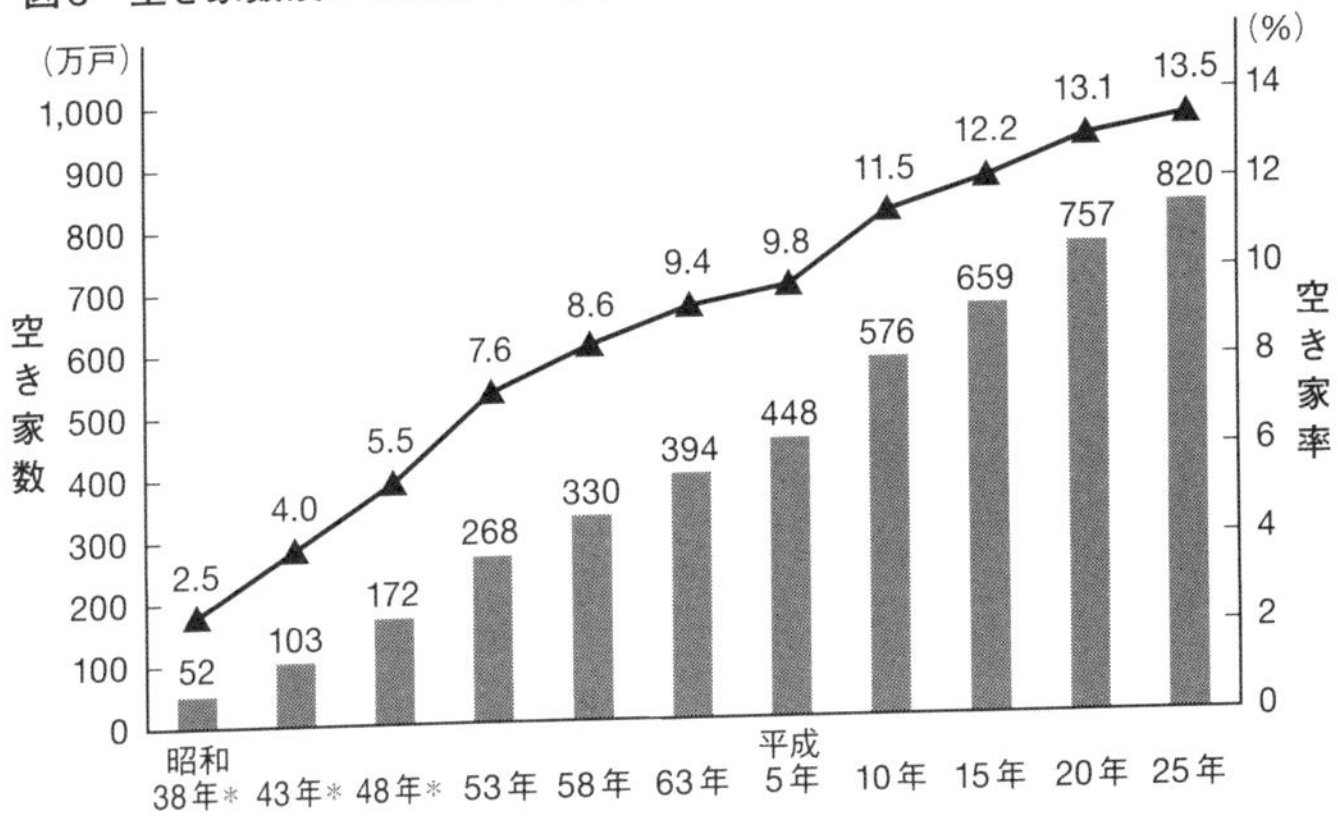

＊印の数値は、沖縄を含まない。
資料：総務省統計局「住宅・土地統計調査結果」

総務省統計局「平成25年住宅・土地統計調査」より
http://www.stat.go.jp/data/jyutaku/2013/tokubetu_2.htm

また、空室率が上がれば手数料収入だけでは利益を上げられないので、業者はアパートの建設費で利益を得ることになる。オーナーが銀行などから建築費の融資を受け、それでアパートを建てるわけだが、業者への丸投げなので実際には手抜きのし放題で、安かろう悪かろうのアパートばかりが増えることになった。

また、あちこちにアパートやマンションが乱立し、その多くが空室になっていることで、その地域の環境はどんどん悪くなっている。低所得の高齢者や外国人が増えたり、治安が悪化したり、家賃や電気代、水道料の滞納が頻発したりする。

このように供給過多になった時点で、アパートマンション投資の「旨み」はもうなくなっている、と考えるのが自然だろう。そして、この傾向はどんどん助長される。

もちろん、不動産投資も十分に注意をして周到に準備をし、知識を仕入れ、信頼のできる業者をパートナーにすれば、資産運用や老後の資金の手当などは可能だ。実際に「素人」でも成功している事例も多いのだから、まったく非現実的なものでもないだろう。

「戸建て賃貸」という選択

書店へ行ったりネットを見ると、投資の成功談が氾濫しているが本当だろうか。不動産投資も同じだ。

賃貸経営のおかげで安定した収入を得ている、わらしべ長者のように最初は区分所有だけだったが今では大規模マンションを何棟も持っていて不労収入が何千万円もある、一棟買いした物件が半年で1・5倍に値上がりし寝かしていただけで何億円も利益が出た……。うまい話には落とし穴があるものだ。不動産に手を出す場合、運用する資金は数千万円、数億円の規模になることを覚悟しなければならない。リターンが大きければリスクも大きい。

リターンは毎月少しずつチャリンチャリンと入ってくる程度でいい。その代わり、ローリスクの不動産投資はないのだろうか。もし今あなたが不動産投資をするならいったいどんな投資対象がいいのだろう。多種多様な不動産投資の中で、ある程度の利回りを得つつリスクを低くすることができるものは何だろうか……。

資金力のある資産家や広大な土地を所有している地主などは、規模の効果でもっとリターンの大きな投資先を探すはずだ。本書の読者は、おそらく相続税対策や資産運用として個人的にできる規模の不動産投資に興味を持った人、また老後に不安を持つ人や子育て世代で年金代わりの投資対象を探している人などだろう。

少子高齢化が進む日本では、住居の需要が減って供給過剰になっていくのは確実だ。ある程度の家賃の支払い能力があり、条件さえこだわらなければ、どんな人でも住む場所に困ることはない。

その一方、実際に一戸建てを自分で建てる、という選択をする人はどんどん減っていくだろう。

なぜなら、前述したように子育て世代の持つ将来への不安感は根強く、所有からリース・賃貸へという意識の変化も大きいからだ。また、実質的な賃金の据え置きや目減り、雇用の不安定化により、一戸建てを建てるだけの余裕のない層も増えていくだろう。ただでさえ「家余り」なのだ。長期ローンというリスクをおかして、家を買ったり建てたりする人はどんどん少なくなる。

現状、円安などの結果、デフレ経済は一段落しているように見える。物価の下方圧力はまだまだ強いが、日本ではデフレ化が進んでも家賃価格はなかなか下落しない。不動産価格も同じだ。

優良物件を見つけることができ、需給バランスを考え、空室リスクを回避することができれば、いい投資案件になるのかもしれない。だが、不動産投資には個人投資家でも可能なニッチな参入余地がまだあるのだろうか。

前述したように、アパマン投資にはすでに限界が見えてきている。サブリースもリスクを軽減するシステムとして機能しなくなった。これを基本に考えれば、区分所有の賃貸貸しも同じだ。

では、ほかに不動産投資には何があるだろうか。たとえば「戸建て賃貸」はどうだろう。

将来への不安と根強い「持ち家信仰」から、若い子育て世代に入居してもらう賃貸の一戸建て、という流れが見えてこないだろうか。日本人の「持ち家信仰」と現実の環境には大きなズレ、乖離がある。自分の一戸建てを持ちたいと思っているが、様々な事情で難しい子育て世代も多い。また、不動産を購入するリスクをとらず、賃貸のほうが気楽でいい、という層は確実に増えている。

投資側から考えれば、かといって「二極化」の上層、大都市の中心部や人気のエリアなどで不動産投資をするような資金力のある人は少ないだろうし、そもそもこの本を読んではいないはずだ。

不動産投資のリスクで最も大きなものは空室率で、これをどう回避するかは、集合住宅でも区分所有でも一戸建てでも同じだ。さらに、大規模な集合住宅や一棟買いのように、銀行から莫大な融資を受けなくても、数棟から始める戸建てレベルなら参入しやすい。

一戸建て指向を満足させ、二極化の上層以外の優良物件を用意すれば、ある程度の需要とニーズが期待できそうに思える。実際、中古の戸建てを安く購入してリフォームし、高利回りで成功している投資家も散見される。

ニーズがあれば、リスクも少なくなる。需給ギャップが生じるところにニーズがある。ちょうど、リスクが少なく安定した家賃収入を見込める不動産投資を探している親戚から相談を受けたこともあり、私自身も老後に不安があったこともあり、さらに個人的にも興味を持ったこともあり、いろいろと調べてみた。すると「戸建て賃貸」という選択肢がぼんやりと見えてきた。

ここまでは、おそらく読者も周知であろう様々なデータを並べつつ、日本の経済状況や人口動態、不動産市場の変化などについて考えてきた。ここからは、なぜ不動産投資がいいのか、本当に戸建て賃貸のニーズがあるのか、もし戸建て賃貸で不動産投資をする場合、どんな現実的なパターンがあるのか、それは本当にほかの不動産投資よりもリスクが低いのか、などについて具体的なストーリー仕立てで紹介していこう。

第Ⅰ章

不動産投資の可能性を探ってみる

寝耳に水の「不動産投資」話

「ねえ、ちょっと話があるのだけれど……」

そう声をかけられたのは、今年の春先のことだった。声をかけてきたのは私の大伯母だ。私の父方の親族は、毎年、春と秋の彼岸の頃に東京・高輪にある菩提寺に集まる。忙しさにかまけ、もう何年も出ていなかった集まりだが、久しぶりに行ってみた。すでに何人かは鬼籍に入ってしまい、この集まりも次第に寂しくなっているようだが、大伯母だけは相変わらずだった。今年67歳になるはずだが、顔の色つやもいいし、声にも張りがある。何より身体の動きがまだまだ精力的で、その陽気な雰囲気は健在だ。

彼女の夫、大伯父は若い頃に品川でちょっとした商売を成功させた人物だったが、10年ほど前に他界している。その後、大伯母が事業を継ぎ、商売を少しだけ大きくしたのだから商才はあるのだろう。

今では事業を息子である又従兄弟の慎平ちゃんに譲ったが、大伯母はいろいろと口やかましい。大伯父が亡くなった直後はよく呼びつけられ、仕事の話につきあわされたものだ。

話があると言われ、法事に足が遠のいていたことをなじられるのかと身構えたが、彼女の話はそんな内容ではなかった。

「伯母さん、話、ですか。なんでしょう」

「そうそう、ほかでもないのよ……」

大伯母は従兄弟などの同年代の親族から「品川の伯母さん」と呼ばれていたので、大伯母なのだが私は「伯母さん」と呼ぶ。

「実はね、あなたを見込んで、ちょっと頼み事があるの」

血色の良い頬をほころばせた伯母さんは、黒紋付きの襟元を整えた。

「あなた、おいくつになりました」

そう聞かれた私は、自分の年齢を告げた。

「お家は」

「家？　僕の家ですか」

「そう。あなた、借家だったわよね」

私は妻と二人で横浜の3LDKのマンションに住んでいる。だが、借家ではない。まだローンがたんまり残っているので、正確に言えば銀行から借りている住まいのようなものだが、そのマンションの名義はいちおう私と妻だ。

「いや、自分の家だけど」

「そう、ごめんなさいね。……お話というのは、あなた、不動産に興味ない？」

「不動産？　不動産を買ったりすること？」

「そう、不動産の投資」

昔から商売ッ気のある伯母さんだったので、不動産投資、という言葉が出てきても驚きはしない。

だが、なぜ私などに声をかけたのだろう。

「不動産投資……。でも伯母さん、詳しくないですよ、僕は不動産にも投資にも。だいたい、そんな金もありませんから」

「まあまあ、ちょっと落ち着きなさいな。水くさい。あなた、私をよくご存じでしょう？」

そう聞かれて首をかしげた。伯母さんは、そんな私の様子を見て笑う。

「私は身内しか信用しません。利殖とか投資とか、あなたはそんなこと関係なく生きてきたのかもしれないけれど、ちょっと私を手伝っていただきたいのよ」

私が「どうして不動産投資なのか」と聞くと、伯母さんは「株はちょっとやったけど、あれはダメね」と言う。ＦＸも貴金属などの先物もばっさりとダメ出しした。ほかにも太陽光発電などの投資もあるが今後の売電価格の下落などのリスクを考えると手を出しづらいらしい。

「もちろん、株はいくらか持っています。でもね、あれは金に換えなきゃ、ただの株券っていう紙切れよ。みんな欲しがっているときはなかなか手放せないけれど、値が下がると売りたがる。そうなると、途端に売れなくなる。よく言うけれど、塩漬けよ」

そうやって伯母さんは、ひとしきり自分なりの株講釈をした。

しかし、世の中はいわゆる「アベノミクス」だし、株で儲けた人間も多そうだ。そう聞くと、伯母さんは少し悔しそうな顔をした。口では強がっているが、どうやらかなりの額の損を出したらしい。

不動産投資のリスクって？

「ところであなた、老後は心配ではない？」

伯母さんは、決まり悪そうに話題を変えた。

「ちゃんとした勤め人でもないし」

確かに私の仕事は不安定だし、自営業に毛の生えたようなもので福利厚生などは期待できない。老後の不安がないといえば嘘になる。いや大ありだ。

「伯母さん、僕の老後を心配してくれるんですか」

冗談めかしてそう言うと「あなたのためでもあるのよ」と真剣な顔をした。どこか芝居がかっている。

「私の相談に乗ってくれれば、あなただって得をするはずよ」

「不動産投資が、ですか？　僕にはそんな余裕もないし、うちはローンを返すので精一杯ですよ」

伯母さんの話を聞くのをそろそろ切り上げようと、私は座布団から腰を浮かせた。

投資や資産運用など、私にとって縁遠い話だ。おかしなことに巻き込まれるのはごめんだった。菩提寺の和尚が「そろそろ法要を始めましょう」と伝えに来たのを潮に、私はそそくさと立ち上がった。伯母さんもゆっくりと腰を上げる。年齢の割には危なげない。

和尚の読経を聞きながら、私は伯母さんの話を頭の中で反芻していた。

確かに、いわゆる「アベノミクス」のせいで、富裕層が株などの運用で資産を増やし、企業の投資活動も活発になっている。その影響もあり、銀行が事業融資に積極的になりつつあるのも事実だ。

不動産投資にしても、遊休土地や農地転用を別にすれば、個人が自己資金だけで運用できるのはごく限られた人間だろう。やはり、多少なりとも自己資金を用意しつつ、大部分は銀行から融資を受ける、というのが現実的な方法になる。

だが、投資である以上、やはりリスクを考えなければならない。あまり詳しくはないが、不動産投資にも確実にリスクがある。

たとえば、空室率だ。空室リスクを考えれば、銀行融資の返済ローンはかなり余裕を見ないといけないだろう。そもそも空室率が高いことが自明の物件に、銀行が融資してくれるはずもない。

私のマンションでも、常に全戸数の10％くらいは入居者がない。それらは空室か不動産屋が管理した売却物件だったりするし、統計的にも空き家率は増えているようだ。とはいえ、これは「空き家」であって「空室」の割合ではないが、あるレポートによれば現在の日本の空室率は20％前後。これが２０４０年には約2倍になる、という試算もあるらしい。

もし、自分の持っている投資用の不動産で空室状態が長く続けば、いずれ売却を考えなければならなくなる。売り抜けることを前提にした、いわゆる「出口戦略」で、建て替えやリフォーム、等価交換など、流動化を見据えた物件選びも重要だ。

しかし、不動産ではこの流動化の問題も大きい。すぐに売りたいと思っても、買い手がタイミング良く見つかるとは限らない。また、売値と買値が釣り合わず、場合によっては損を覚悟で売るようなこともしなければならなくなる。いい買い手が見つからない場合、空室を抱えたまま、融資の返済だけ続けなければならない。その持ち出しが大きければ破産するだろう。

これは株と同じで、需要と供給の問題だ。

都内や大都市圏の不動産は今のところ値上がりしているが、買いたいときには誰しもが買いたがり、売りたいときには誰しも売りたがる。そうそう都合良く売買ができ、投資資金を現金に換えることができるわけではない。私の友人も事情があって持ち家を売却しようとしたが、なかなか買い手が見つからず難儀をしていた。

また、家賃の滞納とか入居者同士の関係、クレーム対応など、不動産を他人に貸す、ということで起きる問題を数え上げれば枚挙に暇がない。

さらに極言すると、不動産は一種の「インサイダー」だ。

インサイダーという言葉は証券業界の言葉だが、内部の者しか知り得ない重要な情報をもとに株などの売買をして利益を得ることを言う。不動産業界も表現は悪いが一種のインサイダー的な商慣習が横行している。

優良物件は仲間内で分け合い、そうした情報が一般に広がることは少ない。本来ならこうしたことは法律で規制されている。不動産情報は不動産流通機構のネットワークへ提供しなければならず、不動産の仲介業者はこのネットワークへ物件情報の登録や業務報告をする義務がある。

ところが、一部の業者は、このネットワークに情報を上げても問い合わせに対して囲い込むようなことをする。こうしたいわゆる「売り止め」行為は、大手デベロッパーでもやっているというから悪質だ。

また、この菩提寺も墓地の裏手の空地を月極の駐車場として貸している。おそらく、あれだって駐車場収入は計上していないのではないだろうか。と言うのも私自身しばらくその駐車場を借りていたことがあり、その際きちんとした帳簿につけていた形跡もなければ、領収書も出さなかったからだ。

ようするに、不動産投資というのは、業界内の情報を先んじて手に入れることができる同業者か、そうした関係者と密接なつきあいのある限られた人間くらいしか利益を得ることができない仕組みになっている。

さらに、自己資金にある程度の余裕があるか、自分の土地を有効活用するような資産を持った人間でなければ現実的ではない。業界内ではない者、情報なき者、資産なき者、持たざる者には縁遠い。

これが私が持っていた不動産投資に対する認識だった。

500万円で不動産投資なんてできるの？

法要後の会食は、いつも同じ菩提寺の中で行われることになっていた。仕出し弁当と酒が出る。隅のほうで弁当を肴にビールを飲んでいると、伯母さんがビール瓶を片手に近づいてきた。

「まあ、そう不景気な顔をしなさんな。いいお話を聞かせてあげるんだから」

「さっきの不動産投資でしょう。あまり興味ないなあ」

「あなたは何か誤解してませんか。あなたに損をさせるとか迷惑をかけるとか、そんなことには絶対になりませんよ。ただ、ちょっと私の話を聞いて欲しいだけ。その先はあなた次第だし、無理強いなんて決してしませんよ」

一度、詳しく話を聞いてしまえば、断りにくくなるのは目に見えていた。だが私も含め、妹や弟も就職のときなど、この人には何かと助けてもらった。私にとっては、少し煙たい存在だが、とてもお世話になっている親戚であることには変わりはない。

「わかりました。聞きますよ」

「そうそう、あなたは小さい頃から聞き分けのいい子だったから。さっきはおかしな株の話なんかで時間を使ってしまいました。さてさて、ここからが本題ですよ」

にんまりとした伯母さんがつぐビールを受けながら私は言った。

「株の話はわかりましたよ。株はハイリスクですからね。でも、伯母さん、不動産投資のほうが株より難しいんじゃないですか？　まあ、伯母さんなら、いろいろと不動産売買の情報も入ってくるんでしょう。そもそも、僕にどんなお手伝いができるのか疑問なんですけど」

「もちろん、私にもいろんなおつきあいがあります。不動産を買わないか、なんてお誘いも少なくありません。でもね、さっきも言ったように、私はあなたのような身内じゃないと、今一つ信用できないのよ。それに、あなたは私とはまた違う世界で仕事をしているわけだから、あなたなりの情報を仕入れてきて欲しいと思ってるの」

私は小さな編集プロダクションをやっていて、自分でも何冊か本を書いたり、雑誌やウェブに記事を書いたりしてなんとか食べている。だが、経済関係やビジネス系の本を書いたことはあるものの、不動産投資についてはほとんど門外漢と言っていい。

「実はね、この話、あまりおおっぴらにしたくないの。あなたを見込んだのも、まあそんなわけだから」

「おおっぴらにしたくないって、慎平ちゃんは知ってるんでしょう？　このこと」

私は伯母さんの事業を継いだ息子の名前を出した。

そういえば、慎平ちゃんも嫁も今日は来ていない。伯母さんと慎平ちゃんの嫁はあまりうまくいっていないようだ。親戚間の噂話だから真偽のほどは確かではないが、私の記憶にある限り、二人が一緒に仲よさそうにしているのを見たことはない。少なくとも伯母さんが伯父さんの事業を継いだ5年前くらいからはそうだ。

「いいえ、知りませんよ。あの子には話してないの」

「そりゃまたなんで……」

伯母さんは、おとがいを上げてビールを飲むと、黙り込んで横を向いた。大伯父さんを亡くしてから伯母さんは、慎平ちゃんの家族と一緒に品川の家で同居している。

「慎平が株で損を出したのは話したわね。それで……」

伯母さんは、老後のために貯めていた資金を株でなくしてしまったのだそうだ。嫁とも折り合いが悪く、自分の家なのに居心地が悪いらしい。残った資産を使い、老後を安泰に過ごしたい。息子や嫁の世話にはなりたくない、伯母さんはそう説明した。

「そうですか、どこの家も大変だ。ところで、慎平ちゃんの商売のほうは順調なんですか？」

伯母さんは少し首をかしげる。息子にはあまり期待していないようだ。商売のうまくない息子より、孫の将来のほうが心配らしい。かわいい孫のためにも何か残してやれる不動産があればいい、とも言った。

「株で損をした残りの資産というと、もし仮に不動産の投資をするとして、伯母さんはそれにいったいどのくらい予算をかけるつもりなんですか？」

そう聞くと、伯母さんは指をいっぱいに開いてパーにした。それをいきなり突き出す。表情を見ると、なんとなく不機嫌そうだ。

老後の安心といっても程度にもよるのだろうが、伯母さんも私と同様、年金などの社会保障にはあまり期待できない立場なのだろう。個人事業主はほとんどそんな感じだ。

一時、大伯父さんの商売を継ぎ、かなり手広く商売をしていた伯母さんだったが、息子に譲る頃は商店街のビルを建て替え、一階を店舗として貸し、上を賃貸マンションにしていた。それ以外の事業のほとんどは、すでに手仕舞いにしていたはずだ。

とはいえ、かなりの資産はあるはずで、それは親戚中の共通した認識だった。おそらく、数千万円くらいは楽に出せるはずだ。

「5億、ですか？」

私は指5本を5億円と思った。だが、伯母さんは相変わらず不機嫌そうに首を振る。

「5000万？」

伯母さんはおもむろに口を開いた。

「500万よ」

「え、500万……。そりゃ、無理ってもんですよ、不動産投資なんて」

私の声が裏返り、会食部屋の中にやけに響く。伯母さんはあわてながら、長テーブルの端っこに座る親戚から私を隠すような仕草をした。

「まあ、声が大きいわよ」

「でも伯母さん、そんな資金でいったい何ができるって言うんですか。伯母さんだってよくわかるでしょう?」

声を低めた私はおおいに呆れながら、まじまじと伯母さんの顔をのぞき込んだ。そこで私はふと、ひょっとすると伯母さんは土地を活用したいのかな、と思い直した。

「そうか、どこかに余った土地があったりするんじゃないんですか? それなら資金が少なくてもなんとかなるし」

「そんな土地、ありませんよ。手元で使える資金はこれだけ」

「それなら、なおさらだ。ちょっと考えてもやっぱり難しいと思いますよ」

「そんなことわかってますよ。だから、あなたに頼んでるの」

私に言われるまでもない、というように伯母さんはビールグラスを手に取った。どこか開き直った感じだ。

最初は資金的に恵まれた老人が、道楽のようにして不動産投資をしたがっている、とばかり思っていたが、伯母さんの現実はなかなかシビアなようだ。もちろん、現役を退いたとは言え、あの大伯父さん亡き後、何年か商売を切り盛りして乗り切った人だ。私も言葉通りに受け取ったわけではない。しかし、もし仮に500万円程度の資金で不動産投資をやるとなれば、その規模は知れている。

イールドギャップってなに？

「本当にそれだけしかないんですか？　お金」

「もちろん、あるにはあるけれど、この話に出せるのはぎりぎり５００万が限度」

「んー、じゃあ僕には無理ですよ、いくらなんでも」

不安だから手元にキャッシュは残しておきたい。それを減らさずに毎月毎月のインカムゲインが欲しい、というのだろう。想像した通りだが、なんとも虫のいい話だ。

首を振ってそう言うと伯母さんは、まあ待ちなさい、というように手を上げた。

その顔を見ると、いつもと同じ陽気な雰囲気に戻っている。いったい何を考えているか、私にはよくわからなくなった。

「あなた、不動産投資にはどうしても莫大な資金が必要って思い込んでるようだけど、それは違うのよね。確かに、大規模な開発とかビルを一棟買いするとかマンションを建てるとか、そういう話なら別よ」

「そうじゃないんですか？」

「違うわよ。ただ私は、月々少しでも余裕があって、それを将来のために残しておけるくらいの利回りがあればいいの」

「というと、月にいくらくらい上がりがあればいいんですか？」

「欲はかきません。月に20万もあればいいわね」

十分欲張りじゃないか、と思いつつ、私は少し考えてみた。

月に20万円だと年間２４０万円になる。仮に賃貸物件に投資するとして考えてみよう。年間２４０万円を受け取るためには、手数料や管理料など諸経費、諸税を加えて３５０万円くらいの賃貸収入があればいいだろう。

自己資金が５００万円では、とうていそんな不動産資産を手に入れることは不可能だ。当然、銀行かどこかから融資してもらうことになる。

素人考えでざっくり計算してみた。

自己資金500万円、借入を4500万円とすれば合計5000万円だ。家賃収入800万円程度の物件を5000万円で購入することができれば、元本と金利の返済額を入れても伯母さんの手元には毎年300万円くらいは残るのではないだろうか。

そういうと、彼女は少し首をかしげた。

「利回りを高く設定し過ぎよ、それじゃ。借入額は7500万円で総額8000万円、利回り10％。これくらいが現実的じゃないかしら」

考え直してみれば、確かにそうだった。やはり賃貸収入は物件の約10％というのが相場なのかもしれない。うなずいた私を見て伯母さんは笑った。

「借金は資産、なんてよく言ったものよ。借入金利よりも利回りが高ければ、少ない自己資金でも不動産投資はできるはず。それに金利は今、低いんだから」

「なるほど、投資利回りと長期金利との差、いわゆるイールドギャップってやつでしょう。でも、伯母さん。空室率というリスクを考えてないんじゃないですか？　借り手がいなければ、借入金利はもちろん元本だって返せないんですよ」

「どんな投資にもリスクはつきものよ。不動産投資は、株なんかよりもずっとリスクは低いんだから。もちろん、リスクは少しでも低いほうがいい。だから、よりリスクの低い不動産投資先をあなたに調べてみて欲しいのよ」

正直な話、私自身も将来や老後には不安がある。最初に伯母さんから言われた通り、勤め人でもないし、そんなに蓄えがあるわけでもない。

しかし、伯母さんのように自己資金500万円で、元本返済や借入金利を除き、月に20万円の家賃収入を期待できる不動産投資など、実際にあるのだろうか。そう考えているうちに、私は個人的にも興味が出てきた。

「なになに、なんのお話かしら。二人して。ひょっとして悪巧み？」

頭の中であれこれ計算していると、いつの間にか伯母さんの背後に裕子ちゃんが立っていた。イタズラっぽく首を突っ込むような仕草をしながら私たちの横に座る。

裕子ちゃんは、私より一回り下の従兄弟だ。旦那さんは団体職員で、彼女自身も都下三多摩のほうの会社員。確か、3歳くらいの男の子が一人いるはずだった。典型的な子育て世代、というわけだ。

伯母さんはこの裕子ちゃんもかわいがっている。親族の中で、この年代の女の子は彼女一人だったから、娘の一人のように思っているのかもしれない。

だが最初、伯母さんは裕子ちゃんが割り込んできたとき、少し迷惑そうな顔つきをした。さっき言っていたように、伯母さんは私だけに相談したいと考えているのだろう。

私もこの闖入者をどう扱っていいか、ちょっと困惑していた。小さい頃はよく一緒に遊んだが、成長するにつれてたまにしか会わない。特に仲がいいわけでも悪いわけでもない。しばらく見ない間に少し太ったようだ。

本当に不動産投資が可能性なのか？

不動産投資の話を裕子ちゃんに聞かせるかどうか、私は伯母さんにまかせることにして様子をうかがうと、少し考えてから伯母さんは軽くうなずいた。

「そうね、裕ちゃん、あなたもこの話、加わんなさい」

「いいんですか」

私がそう聞くと、伯母さんは裕子ちゃんを横目で見ながら黒紋付きの肩をすくめる。

「いいのよ。裕ちゃんみたいな家族がお客さんの中心になるんだから」

不動産投資の場合、自分が大家になって店子、つまり入居者を募ることが多い。どんな物件でどんなふうに運用するか、まだわからないが、裕子ちゃん世代のような持ち家予備軍がお客さん候補になるだろう、というのが伯母さんの説明だった。

それを聞くと、裕子ちゃんは落ち着かない様子で口を挟む。

「ふうん、やっぱりね。どうも、そんな話じゃないかと思ったわ」

「え、わかってたのか」

「もちろん、丸聞こえよ。不動産とか投資とか。あなたたち声が大きいからさ。それよりこの話、詳しく聞かせて」

そう言いながら我々の間に割り込んで座る。私は裕子ちゃんに、我々が５００万円で不動産投資を考えていることを伝えた。すると、裕子ちゃんもその金額に首をかしげた。

「なるほど。不動産売買で大きな利益を得るんじゃなく、安定した家賃収入を期待することが目的。そして、伯母さんも年だから不労所得にしたいってわけね。でも、やっぱり自己資金が少ない気がするな。それに伯母さんの年齢だと、悪いけど返済期間も限られてるわけだし、銀行が貸してくれるかしら」

相変わらず言いにくいことをあけすけに言う。はらはらしながら私は伯母さんの様子をうかがった。

「こうした融資はね裕ちゃん、住宅ローンじゃないのよ。事業融資なんだから、銀行は私にじゃなく、この不動産投資というビジネスに融資するの。もちろん、銀行が貸してくれるかどうかわからないけど、ビジネスとして認めてくれたらお金は貸してくれるはずよ」

伯母さんは意に介さず説明した。私は、そんなもんかな、と疑問を抱いたが、裕子ちゃんは納得したように身を乗り出した。

「確かに不動産って言う担保があるんだから、銀行はいざとなったらそれを押さえちゃえばいいわけよね。でも、不動産投資ってさ、ネットのブログなんかを読んでても、もういろんな成功体験が山のようにあるけど、その裏には何百倍何千倍も失敗した事例があるわけでしょ。大丈夫なのかな」

その不安は私も同じだ。不動産投資の成功率は、よく数パーセントなどと言う。

リスクをできる限り低く抑え、安定した家賃収入を得ることができなければダメだ。家賃収入のキャッシュフロー、つまり毎月、きちんきちんと利益を得ることが第一の目的なのだが、ではそれをどうするか。

「私も将来が不安なのよ。うちは共稼ぎだけど、子どもが大学を出るまで大変だし、年金だって本当に支払われるかどうかわからない。支払われたとしてもそれが期待した額かどうか。今の時代、安心できるのは公務員くらいよ。不動産投資、私、すごく興味あるわ」

裕子ちゃんが溜息をつく。伯母さんはそれをまったく無視して私に釘を刺した。

「でもね、空室率とかリスク回避、利回りばかり考えないでちょうだい。今のニーズ、つまりお客さんの住宅意識をちゃんと調べないと。なんとかミクスとか景気がいいようなことを言っても、不動産投資のお客さんは一般の人たちなんだから」

うなずいていた裕子ちゃんも、いろいろ調べてくれることになった。世代も背景事情も違う我々三人は、半月後にそれぞれ情報を持ち寄って再会することにした。

第Ⅱ章

投資先として戸建て賃貸はどうなのか？

不透明な未来の不動産投資

「確かに子育て世代の持っている住居に対する意識は、かなり変わっていると思うよ。お前が言うように、うん、それは事実だろう」

Kはそう言いながらパソコンを立ち上げ、パワーポイントをモニターに映し出した。

ここは千葉県にある私立大学の研究室だ。

Kというのは大学時代に同じゼミで学んだ友人で、できの悪かった私と違い、ゼミの指導教授に誘われて母校の大学院に残った。数年前からこの私立大学の経済学部で教えている。専攻は交通経済学で、通勤時間のなんたらとかいう研究をしているはずだ。

親戚が集まる法事で伯母さんから不動産投資について調べろと言われ、私はしばらくその件を放っておいた。仕事が忙しいこともあったが、いったいどんなところから調べ始めたらいいかわからなかったからだ。

その後、よほど暇なのか、伯母さんから毎日のように電話がかかってくるようになった。スマホのSNSにもメッセージが入る。ある案件が決まれば、とにかく猪突猛進の彼女の性格を私はうっかり忘れていた。

「裕ちゃんもいろいろ調べてくれてるんだから、あなたもしっかりお願いね」

数日前に伯母さんから電話で念を押され、私は級友のKを頼ることにした。大学卒業直後は何年かごとに飲んだりしたが、Kが今の大学に移ってからは顔を合わせていない。久しぶりに会いたくなっていたこともあって連絡した、というわけだ。

私が研究室に訪ね、挨拶もそこそこに不動産投資の話を始めると、Kは我が意を得たり、という表情で説明を始めた。学生に講義をしているような気になっているのかもしれない。

「まず、この資料を見てみろよ。野村総研がやった有名な調査だ」

これは私も見たことがある。「生活者1万人アンケート調査」というヤツだ。

Kは、モニターの折れ線グラフの上をカーソルでなぞりながら言った。

「30代40代の子育て世代の不安感は急上昇している。よくわかるだろう。数年前の調査だが、この傾向は増加しこそすれ、減ることはない。別の調査でも同じようなことがわかる。今の若い世代は、もう20代から将来のことを考えて準備するようになっているようだ。住

図4　30〜40代を中心に、いずれの年代でも、老後の生活を不安に感じている人が増加

老後の暮らしについて、経済面でどのようになるとお考えですか
―「非常に心配である」と回答した人の割合（年代別）―

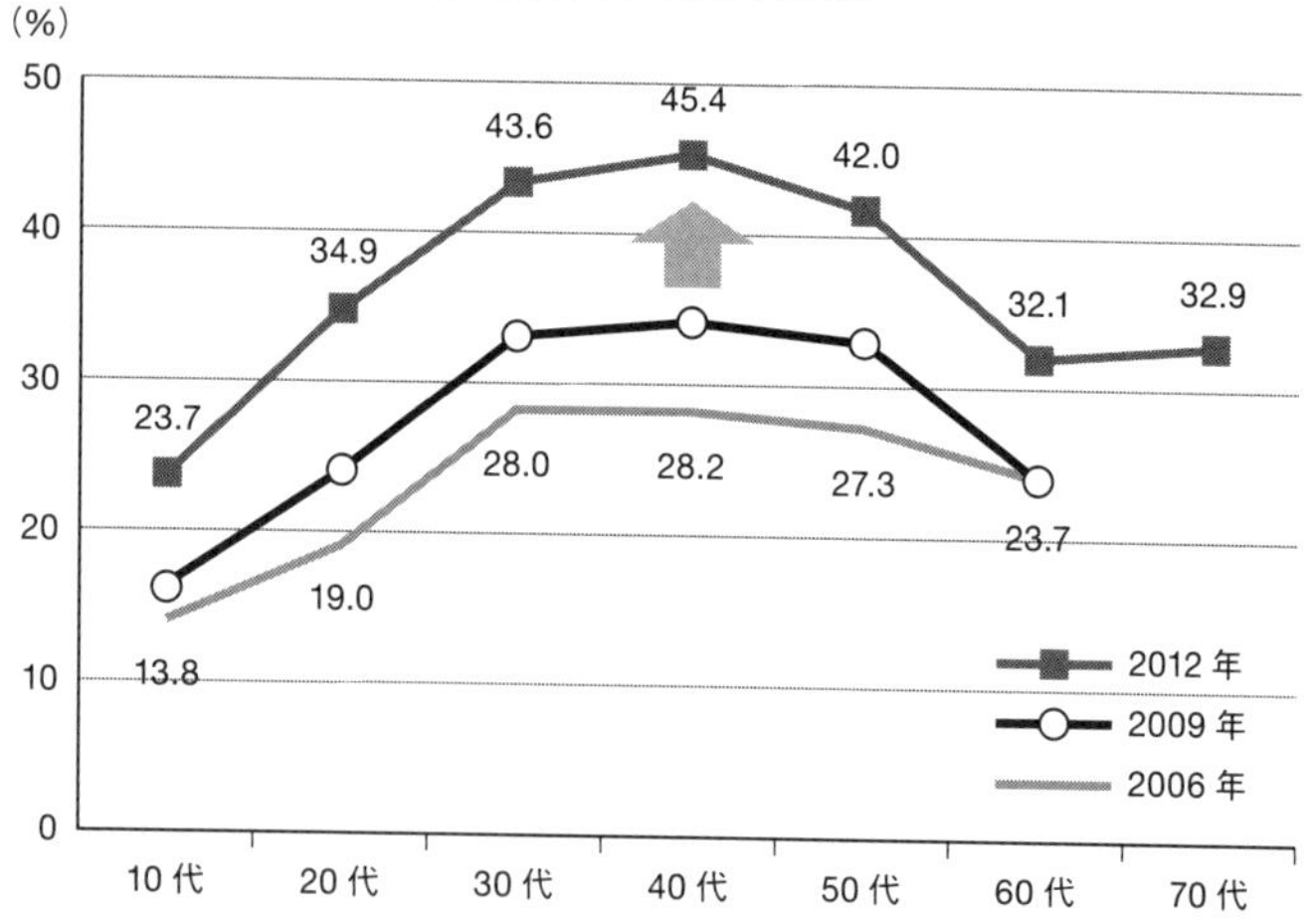

NRI「生活者1万人アンケート調査」（H18年、H21年、H24年）
https://www.nri.com/jp/event/mediaforum/2012/pdf/forum182.pdf

居に対する意識も、これが背景になっている。この資料を見てくれ」

Kが次に映し出したのも野村総研のものだったが、これは経済産業省の報告書という形式になっている。

各世代の平均年収の表組み、そして子育て世代の30代男性の平均年収の推移を折れ線グラフにしたものだ。30代前半と後半で100万円近く違うのに違和感はあまり抱かない

が、それぞれここ10年で50万円以上も年収が減っている。

「これも数年前までの調査だけど、ここ数年でも似たようなもので年収の下落傾向は鈍化しているが、決して上がってはいない。政府がいくら賃上げ誘導をしようとしても、企業のインセンティブはそう簡単にそっちへ向くわけじゃないからな」

根強い持ち家信仰をどう考えるか

伯母さんの不動産投資は、安定した家賃収入を期待したものだが、ターゲットとなるお客さんはやはり30代40代の子育て世代になるだろう。大都市圏のワンルームマンションに投資してもいいが、それほど高い家賃にもできないだろうし、年代に関係なく単身者はリスクが多い。

一戸建てを建てるだけの余裕がなかったり建てる気がなかったり、いろいろな事情で賃貸を選ばざるを得ない、もしくは積極的に賃貸でいい、という客層がターゲットとなるわ

図5　平均年収

【20歳代後半〜50歳代の平均年収比較】

年齢	性別	平均年収（万円）		減少額（万円）（＊1）	減少率（%）（＊2）
		1997年	2008年		
25〜29歳	男	413.0	377.8	35.2	8.5
	女	311.1	294.4	16.7	5.4
30〜34歳	男	513.2	453.3	59.9	11.7
	女	306.8	300.7	6.1	2.0
35〜39歳	男	589.1	529.6	59.5	10.1
	女	291.2	289.9	1.3	0.4
40〜44歳	男	644.7	617.2	27.5	4.3
	女	286.0	287.6	+1.6	+0.6
45〜49歳	男	694.5	663.4	31.1	4.5
	女	275.3	289.7	+14.4	+5.2
50〜54歳	男	736.6	669.8	66.8	9.1
	女	283.1	276.1	7.0	2.5
55〜59歳	男	702.1	630.4	71.7	10.2
	女	273.4	256.3	17.1	6.3

（＊1）減少額（2008年の平均年収）−（1997年の平均年収）
（＊2）減少率｛(2008年の平均年収)−（1997年の平均年収)｝／（1997年の平均年収）

【30歳代男性の平均年収推移】

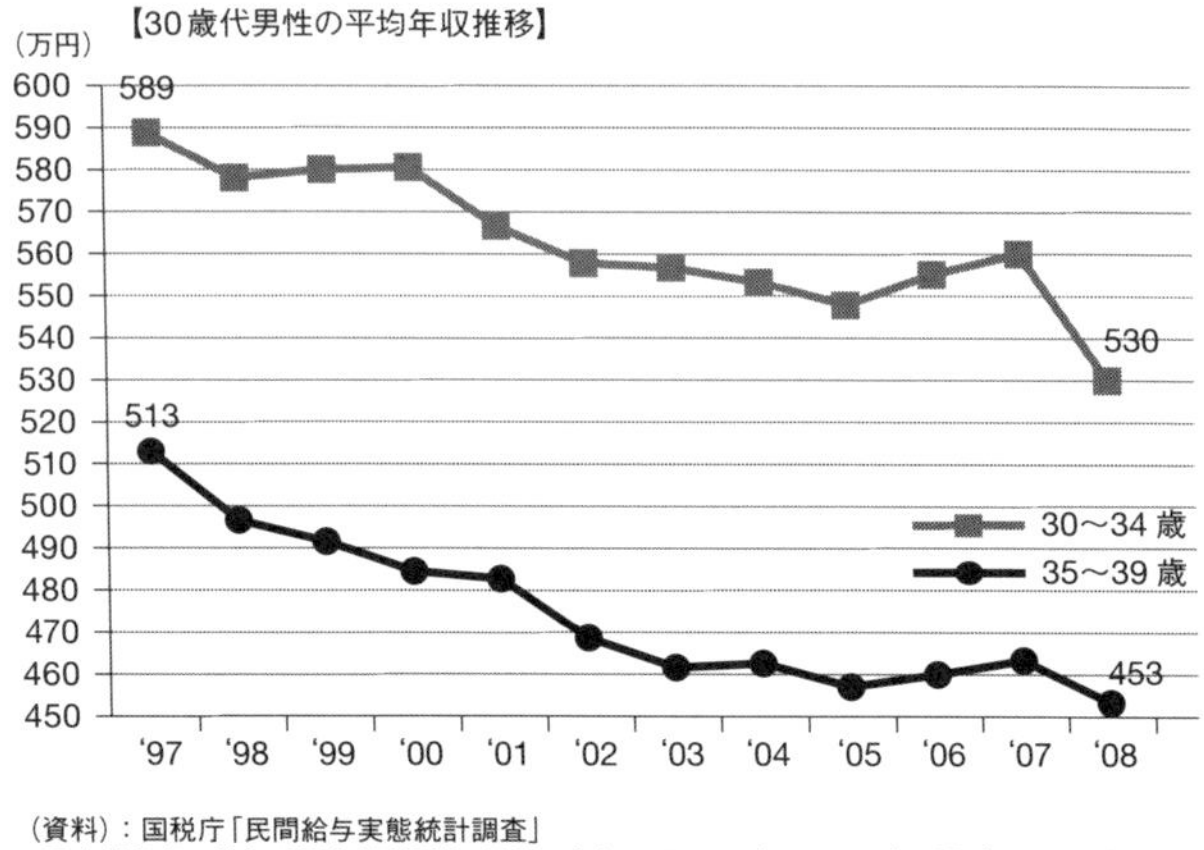

（資料）：国税庁「民間給与実態統計調査」
•調査対象者：給与所得者（所得税の納税の有無を問わない）。ただし次に掲げるものは除外。
•労働した日または時間によって給与の金額が算定され、かつ労働した日にその都度給与の支給を受ける者
•国家公務員、地方公務員、公庫職員等
•全従事員について源泉所得税の納税がない事業所の従事員

経済産業省「平成24年度中小企業支援調査 今後の住宅関連産業発展のための検討調査」
http://www.meti.go.jp/meti_lib/report/2013fy/E002834.pdf

けだが、ある程度の家賃を期待できるとすれば、30代40代の子育て世代になる。私がそう説明すると、Ｋは「だが」と首をかしげた。

「やはり、まだまだ持ち家信仰は根強いよ。こっちの資料を見てくれ。リクルートが2010年に2015年を想定して作った予想調査だ」

確かに、持ち家率が30代後半で急激に上がっている。持ち家率が上がれば、当然ながら賃貸居住者は減っていく。

「特に20代の若い世代で、できれば持ち家を買いたい、と回答している割合の多さが際立つだろう」

「なるほど。そうか、じゃ、やっぱりこの世代に向けての不動産投資は難しいのかな。ワンルームとか単身者向けの不動産をいくつか分散して持ったほうが、リスクが低くていいのかもしれない」

私がそう言うと、Ｋはしばらく考えてから「そうとも限らんぞ」と腕組みをした。

再びマウスを操作し、別のパワーポイントのファイルを出した。

「この調査を見ると、今の20代後半から30代前半のいわば戸建て予備軍の大半は、すでに

図6　持ち家志向（全体／単一回答）

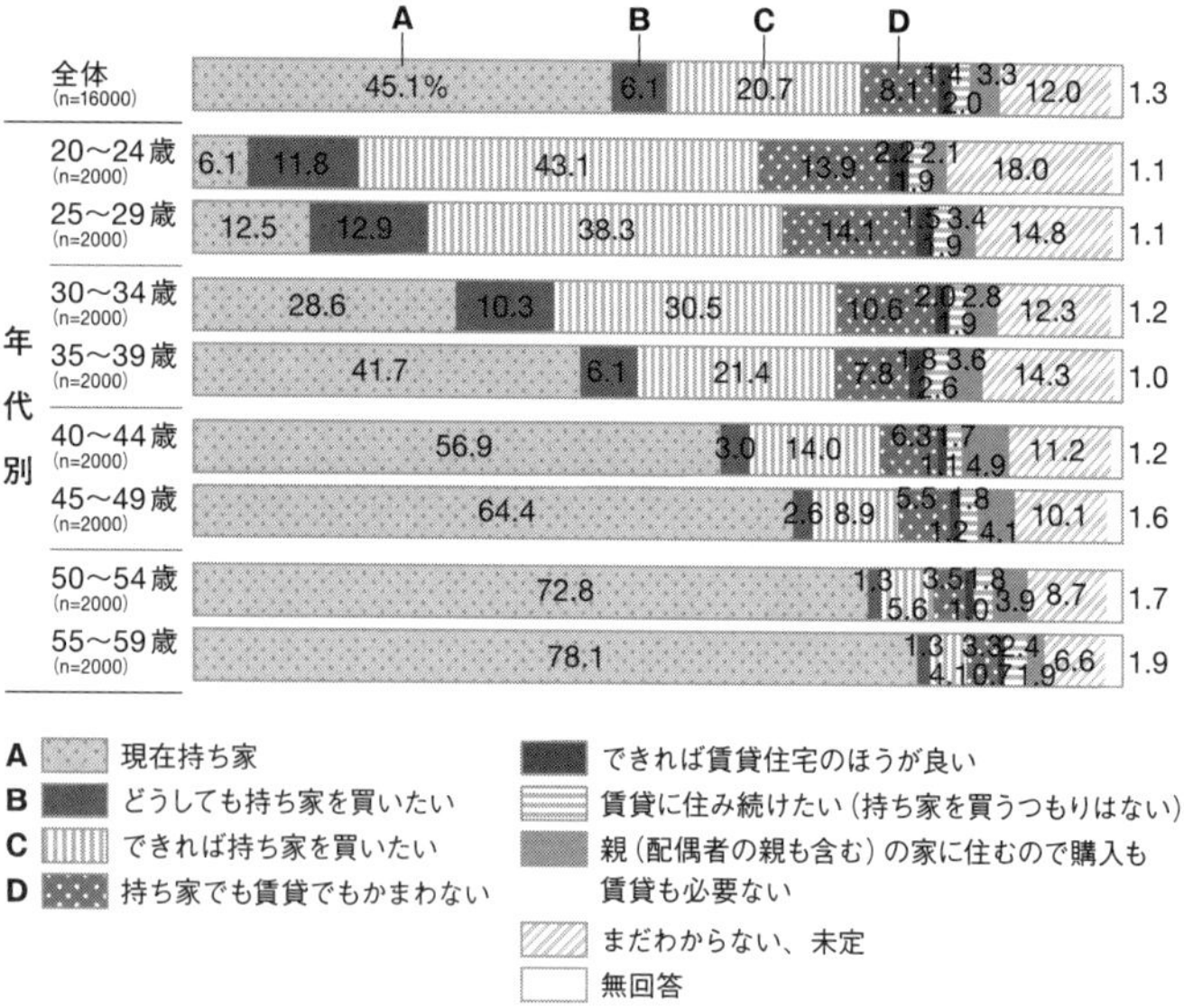

		A+B 持ち家+ どうしても	A+B+C 持ち家+ どうしても+ できれば	A+B+C+D 持ち家+ どうしても+ できれば+ かまわない
	全体 (n=16000)	51.2%	72.0%	80.0%
年代別	20〜24歳 (n=2000)	17.9	61.0	74.9
	25〜29歳 (n=2000)	25.3	63.6	77.7
	30〜34歳 (n=2000)	38.9	69.3	79.9
	35〜39歳 (n=2000)	47.8	69.1	76.9
	40〜44歳 (n=2000)	59.9	73.9	80.1
	45〜49歳 (n=2000)	67.0	75.9	81.3
	50〜54歳 (n=2000)	74.0	79.6	83.0
	55〜59歳 (n=2000)	79.4	83.4	86.7

リクルート住宅総研 2015 年ビジョンレポート「家族観、住まい観に関する世代別価値観調査」
http://www.jresearch.net/house/jresearch/vr/pdf/vr2010.pdf

相続すべき不動産を持っている。その親の団塊世代が持ち家を建ててしまっているからな。これが空き家率が増加する一因にもなってるんだが、しかし……」

Kは、また別の資料を映し出す。「理想の家族の住まい方」という帯グラフだ。

「これは内閣府の調査で全世代だが、子育てに関する意識調査だから子育て世代の意見も強く入っていると思われる。一人暮らしの割合が多いのはそのせいだが、祖父母と離れて住みたいという回答と祖父母の近くに住みたいという回答を合わせると、全体で55％以上が同居したくないと答えている。親の世代がすでに持ち家を持っていても同居は嫌、というわけだ」

「つまり、親が持ち家を持っていてもそこには住まない。自分で家を買うか、親の家に同居するまでの間は賃貸にするか、ということになるな……」

私はKにパワーポイントのページを戻してもらった。

「しかし、最初に見せてもらった資料、そうそれだ」

図7

【親世代】

■子どもへの住宅相続意向（子どもあり／単一回答）

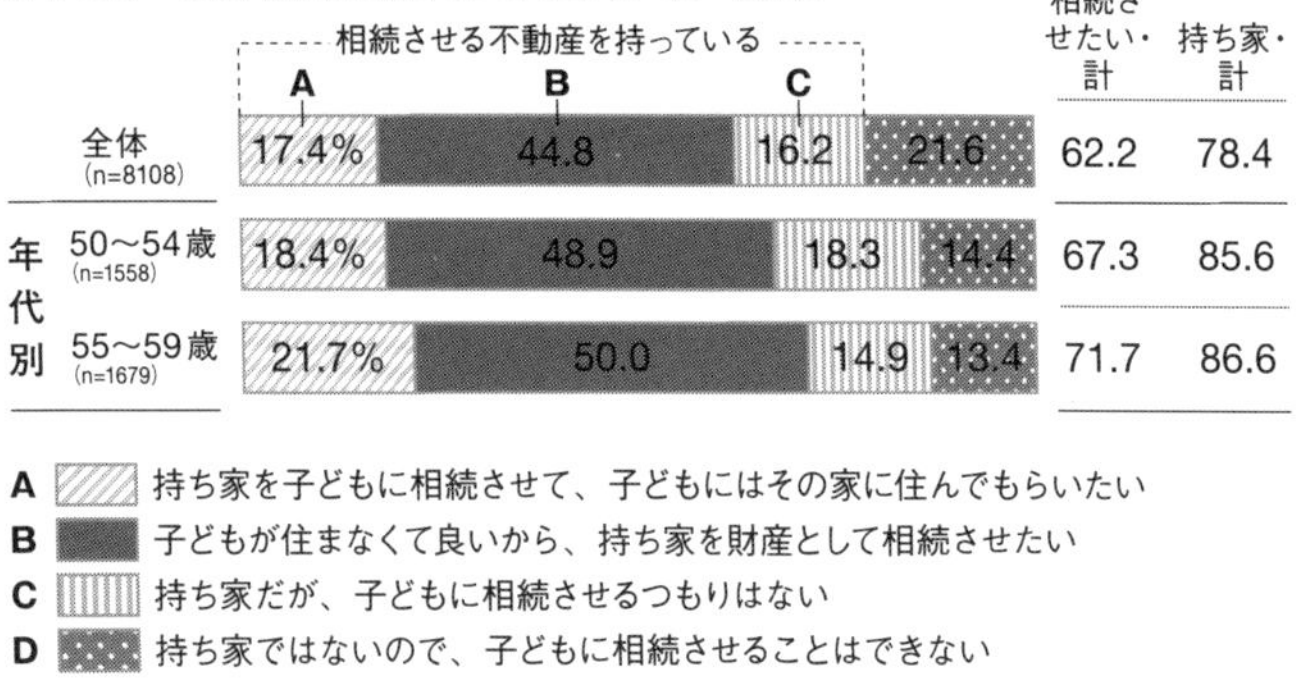

【子世代】

■親からの住宅の相続予定（全体／単一回答）

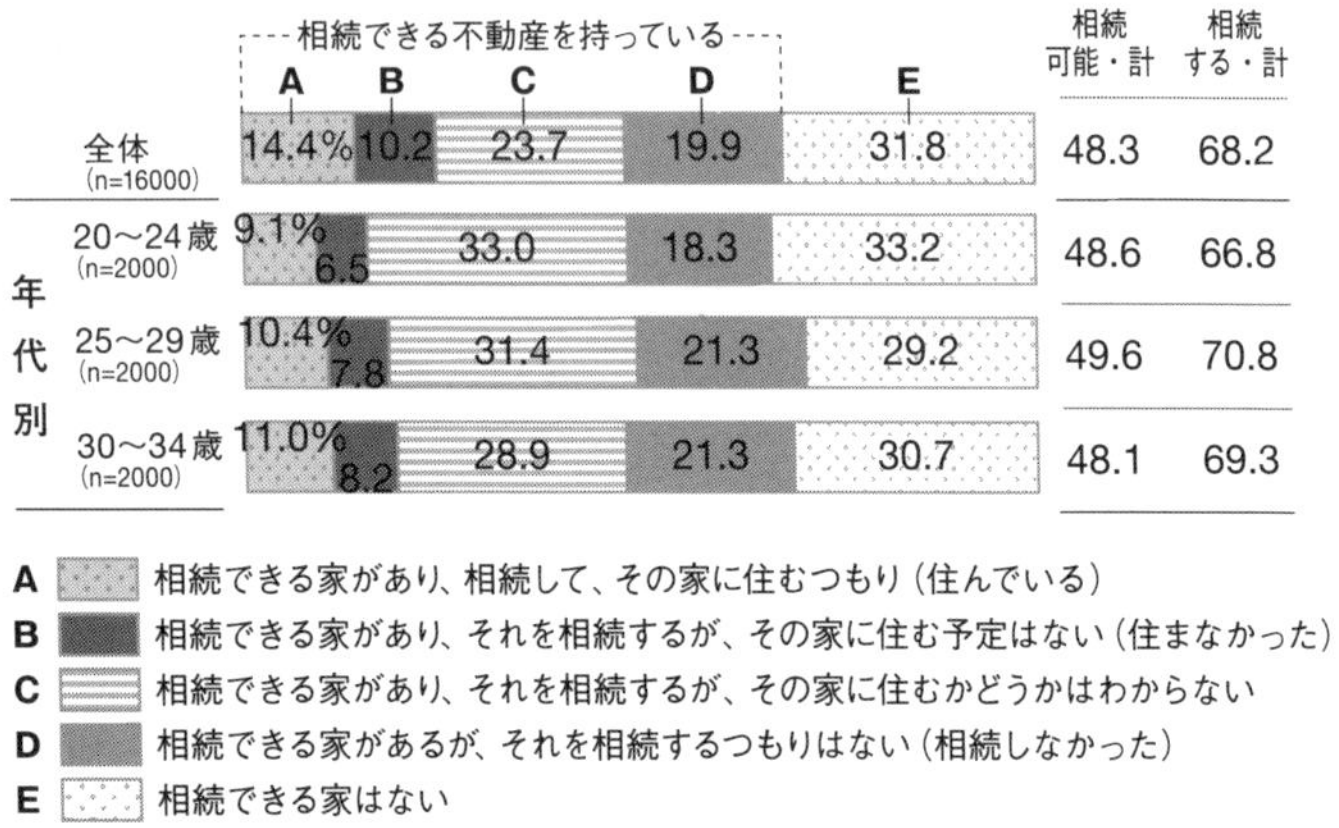

リクルート住宅総研2015年ビジョンレポート「家族観、住まい観に関する世代別価値観調査」
http://www.jresearch.net/house/jresearch/vr/pdf/vr2010.pdf

子育て世代の住宅ニーズとは

Kは、再び子育て世代の将来への不安感を示した折れ線グラフをモニターに出す。また、平均年収の折れ線グラフも交互に出して見比べた。

「親から相続できる家はあるが、将来への不安感は根強い。しかし、親とは同居したくない。さて、こういう世代はいったいどういう消費行動をとると予想されるだろうか」

いよいよ講義もどきになってくる。

私は当てずっぽうに答えた。

図 8 「理想の家族の住まい方」

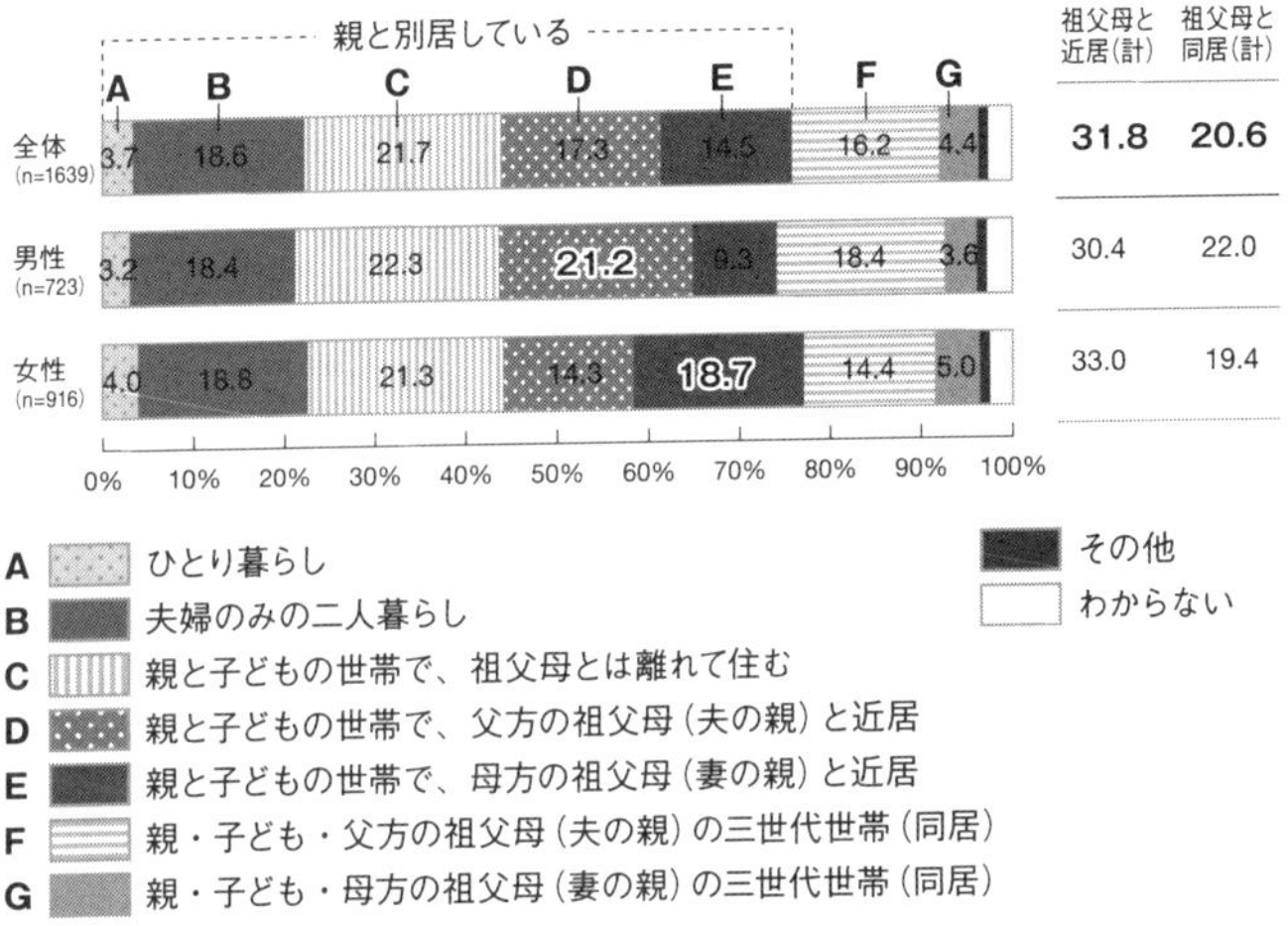

内閣府 平成 26 年「家族と地域における子育てに関する意識調査報告書」
http://www8.cao.go.jp/shoushi/shoushika/research/h25/ishiki/pdf/mokuji.pdf

「親のものにせよ、同居はしないにせよ、不動産はあるわけだから将来のことを考えれば、すぐに持ち家を買う、というチョイスにはならないんじゃないか。もちろん、持ち家信仰はあるんだろうが、相続なんかの税制もどうなるかわからないし、そうなれば親が元気なうちは賃貸に、ってことにならないか」

「まあ、この予想はなかなか難しい。何せ、長期的な景気や経済動向に影響されるわけだからな。高度成長期、首都圏に限らず大都市圏では、鉄道会社が中心になって郊外の住宅地開発が進んだ。産業構造の要請で核家族化も促進された」

「ああ、よく覚えてるよ、『金妻』の世界だな。懐かしいわ」

「だが、少子高齢化で労働力人口が少なくなってくると、女性の労働力を活用せざるを得なくなる。従来のような専業主婦は少なくなり、子育て世代はどうしても共稼ぎせざるを得なくなった。しかし、子育てを中心に考える母親が就業する場合、遠隔通勤はどうしても敬遠されるだろう。通勤地獄を旦那に押しつけ、妻が専業主婦になることを前提にした持ち家志向自体が、すでに破綻し始めているんだよ」

　さすがに交通経済学を研究しているだけのことはある。Kの弁舌を聞いているうちに私は、果たして子育て世代に持ち家信仰があるのかどうか、もっと確かめてみたいと思った。

パソコンをシャットダウンしながらKが言った。

「従来の世帯調査は、主に世帯主、つまり旦那の意見を集約したものが多かったんだ。しかし、住居選択の主導権は女性、つまり奥さんが握っていることも多い。どんな家に住むのか、どんな環境で子育てをしたいのか、というのは女性の視点が重要だからだ。通勤時間に限らず、転勤か単身赴任か、そうした負担に夫婦でどう向き合い、どんな住居を選ぶのか、よく調べてみてからその不動産投資とやらをしたほうがいいと思うぞ」

確かに夫婦共稼ぎが多くなり、妻も仕事をする場合、戸建てに限らず持ち家を購入するという選択肢は狭まる。通勤アクセスや転勤、子育て環境など、限られた供給に対して望ましい物件がある可能性は低くなるだろう。そのあたりは、どんな客層をターゲットにして不動産投資をするかに大きく影響するはずだ。

「付け加えれば、需給バランスもよく調べたほうがいいな。いくら需要が多くても、供給過多だったら競合が激しくなる。いきおい家賃を下げざるを得なかったり、入居者に対してもいろいろ気苦労の多いことになる。逆に需要がそれほどなくても、ニーズに対して供給量が少なかったら場合によっては大きなアドバンテージにもなるだろう。まあ、火傷しない程度に頑張ってみることだ」

持ち家って資産なの？

Kを訪ねた数日後、私は知り合いのN氏を訪ねた。彼は不動産専門のファイナンシャルプランナーで、埼玉県で評判のいいアドバイザーとして活躍している。

「よく、持ち家を欲しがる理由に、賃貸だと家賃がもったいない、とか、持ち家なら資産になるから、というのがありますが、あれってそもそもまったく間違った認識なんですよね」

私が、伯母さんに勧め、自分でも候補にしたい不動産投資のお客さん、つまり入居者について、子育て世代の30代40代を考えている、と相談するとN氏はまずそう切り出した。子育て世代が考えるのが、自宅をどうするか、だからだ。

我々にとって、そうした家族が、賃貸に住み続けるか、一戸建てを建てるか、集合住宅の分譲マンションを買うか、という行動変化が重要だ。私はあえてN氏に反論してみた。

「でも、まだまだ持ち家信仰や一戸建て指向って根強いじゃないですか。Nさんが言うように、持ち家でも家賃でも変わらないし、資産にもならないとすれば、こうした持ち家に対する考え方を持つ人たちが減ってもいいんですけど」

「でも、実際はそうじゃない。大手も含めて不動産業者っていうのは、いろいろとうまいことを言いますからね。何しろマンションを売ったり一戸建てを建てさせれば、けっこうな儲けになるんだから。家を買う、というのは、普通の人は人生で何度もあるわけじゃありません。業者にとって家を買いたいというお客さんはリピーターではない。二度と顔を合わせることのないお客さんだから、いくらでもうまいことが言えるんです」

「しかし、子育て世代は子どもが生まれると家を買いたくなりますよね。子育ての環境を考えてのことなんでしょうけど、あれも一種の所有欲なんですかね」

「家賃がもったいないとか持ち家が資産になる、という心理もまた、若い世代の将来に対する不安感の裏返しなんです。少しでも子どもに何か残せたら、という親の気持ち。そこに業者がつけ込んでくる、というわけですよ」

N氏は、そもそも不動産も商品なのだから「買った途端に中古になる」と言う。

これは車にしても洋服にしても同じで当然のことだろう。買った時点で瞬時に価値が下がらないのは、貴金属や宝石、株くらいだ。

「資産といっても不動産は、買った同じ金額で売れることはまずない、と考えたほうがいいんです。同じ金額どころか、ほぼ確実に下がる。さらに不動産は流動性が悪い。もちろん、土地の値段が上がる可能性もありますが、それは大都市の人気エリアだけでしょう。集合住宅であるマンションはもちろん、一戸建ての上物は買った瞬間、建てた瞬間に何割か価値が下がります。普通に考えれば、ローンを払い終えた段階で、その総支払額と同じ金額の価値のある物件、というのはありえません。その間、経年劣化が進みますし、改修費や立て替え費用を考えれば、むしろ資産価値は減るわけです」

土地の値段も同じでローンを組む35年後にどれくらい価値があるか、誰にもわからない。少子化で生産人口が減ることが明らかにわかっている日本で、土地の価値が少しでも上がる可能性はないだろう。つまり、ローンを組んでの持ち家購入は、せいぜいうまくいって家賃の前払いでしかない。

「もちろん、土地が資産か資産ではないか、といえば資産ですよ。確かに、土地を含んだ持ち家に資産価値はあります。しかし、ローンという借金をし、リスクを覚悟で持ち家を買うためには、そのリスクを十分に考えた上で投資をしなければならない。そもそも、35年という超長期にわたって返し続ける借金に現実性がどれくらいありますか？　どうしても持ち家が欲しい、という所有欲だけで借金をして家を買うことは、やはりおかしいと言わざるを得ません。一方、賃貸にはリスクはほとんどない。将来が不安なら、なおのことです」

不動産投資はビジネスだ！

ファイナンシャルプランナーN氏の言うことはもっともだが、相談したいことは我々の不動産投資のターゲットをどうするかだ。すると、N氏は苦笑して言った。

「よく考えればわかりますが、持ち家を買う行為も一種の不動産投資なんです。自分が住むか、人に貸すか、という違いだけですよ。投資にはリスクがつきものです。問題は、そのリスクに耐えられるのかどうか。伯母さんが不動産投資をしたい、というのなら、そのあたりのリスクをよくよく認識しているかどうかです。仮に銀行から事業融資を受けるとして、甘い想定をしたり、ぎりぎりの条件で予算を立てるのは避けたほうがいい。不動産業界は、一種の魔界のようなところです。不動産投資の業者にしても、サブリースなど怪しいところは山のようにある。気軽に始められるビジネスじゃありませんよ」

N氏は「ビジネス」という言葉を使った。

確かに不動産投資もビジネスだ。成功を目論める自分なりのビジネスモデルを考えなければならない。しかも、何千万円、何億円も融資してもらい、それを運用するのだからビジネス以外の何ものでもない。私は安易な考えだったことを反省した。

「いや、誤解しないで欲しいんですが、別に不動産投資をするな、と言っているわけじゃありません。ただ、リスクを十分に考えなければ後悔することになりますよ、ということです。リターンを得たいのならリスクを取らないといけません。不動産投資は、失敗する可能性、リスクをなるべく低くすることが重要です。そうすれば、うまく運用することが可能かもしれません」

「アパートやマンション投資は、やはり頭打ちなんでしょうか」

「リスクが上がっているのは確かでしょう。サブリースにしても法規制がなく野放しの状態なので、大手のダミー会社など、すぐに逃げたり雲隠れできる姿勢でいるようなところも少なくない。どこでやるか、立地にもよりますが、不動産は手放したくなってもすぐ売れるものではありません。一戸建てならまだ火傷は軽くすみますが、投資額が一桁大きいアパートマンション投資はかなり難しくなっている、と言ったほうが正確でしょう」

「戸建て賃貸、というのはどうですか?」

その言葉を聞いて、N氏は考え込んだ。戸建て賃貸というのは、私がしばらく前から考えていた不動産投資の方法だ。子育て世代向けに一戸建てを賃貸する。その物件は新築の戸建てを建てるか、利回りのいい中古を探してリフォームして貸すか、どちらかになるだろう。

ターゲットである子育て世代、30代40代の借り手のニーズを考えれば、大学時代の友人

Kが説明してくれたように一戸建て指向は強い。

しかし、将来のことを考えると安易に持ち家を建てるだけのリスクは持ちたくない。また、持ち家でなく賃貸のほうが身軽でいい、という価値観の人も確実に増えている。

小回りの利く戸建てなら、比較的小規模な投資でも可能だろう。そこにニーズがあるのなら、空室リスクも低く見積もることができる。リスクが低ければ、事業融資も受けやすいのではないだろうか。

戸建て賃貸は、リターンはそう大きく期待できないがリスクをできるだけ低くできる不動産投資、という問いに対する私なりの回答だ。

「コンパクトシティ、ってご存じですか?」

N氏は、私の質問には答えず、こう聞いてきた。コンパクトシティというのは、行政の財政負担を軽減するため、インフラなどを市街地の限定したエリアへ集中させ、効率的な街作りをしようという都市政策のことだ。耳学問だが、その言葉自体は知っていた。

各地で進むコンパクトシティ化って？

しかし、地域のコンパクトシティ化と不動産投資とどんな関係があるのだろう。

「大ありですよ。日本の不動産は、これからどんどん二極化していきます。便利で人気のあるエリアの不動産は高止まりのままなのに、そうではないエリアで不動産が余っている。空き家が増えているのもこうしたエリアです。一方で、コンパクトシティ化というのは、ようするに住宅の高層化のことです。都市機能を集約させ、住民を集合住宅に集める。これははっきりと断言できませんが、近い将来、階数制限などの建築の規制緩和がなされ、都市部でコンパクトシティ化が積極的に進められるはずです。集合住宅が増える一方で、やはり戸建てニーズは強い。そのあたりに不動産投資の方向性があるのかもしれません」

それを聞いて、なるほど、と思った。

大都市圏に限らず、地方の都市部でもコンパクトシティ化が進むと仮定する。そうなれば、コンパクトシティになった魅力的なエリアに先回りして戸建て賃貸を用意する、というのはどうだろうか。周辺は高層住宅が林立しているが、そうした環境だからこそ戸建てニーズを強く刺激するはずだ。

私の頭にそんなアイディアが浮かんでくる。はっきりとは言わないが、N氏はそうした方向へ誘導してくれている、と感じた。

土地がまだ安い段階で行政の土地整備計画などを入手することが条件になるだろうが、これは一考の価値はありそうだ。周囲に高層住宅が建ち並んで谷底のようになってしまったら意味はないが、コンパクトシティ化の中では家賃も下げずにすむし、そうしたエリアの需要はなくならないだろう。

「世田谷区で戸建て賃貸をやっている私の知人がいますよ。あのエリアもコンパクトシティ化が進んでいます。近くの駅周辺がまさにそうなっている。彼女、お父さんのアパートを建て替えて、何棟か戸建て賃貸を建てた方です。もともと農家で土地持ちなので、前提がかなり違いますが、ご紹介しましょうか」

「彼女？　女性ですか」

「そうです、まだ30代じゃないかな。もとは都心に勤めるOLさんをしていた方で、私はその頃自分のサイトにインターネット広告を出したくて知り合ったんです。まだ若いけれど、しっかりした考え方を持っています。もちろん、ご先祖さまやお父さんから引き継いだ土地があるわけなんですが、それを実に有効に活用し、入居者にも喜ばれているようです」

「それは戸建て賃貸なんですか？　世田谷で？　マンションでも建てたほうがいいような気がするけど」

「おそらく相続なんかの問題もあるんじゃないですか。それもあって戸建て賃貸にしたようなことを言ってましたが、相続だけじゃない強い理由があったようです」

N氏によれば、分売が可能な戸建て賃貸は相続の際に揉めることが少ない、とのことだ。確かにマンションなどを建ててしまえば、相続でそれを分けるのは大変だろう。何棟か別々に建てておけば、それを相続人で分けることが可能になる。

伯母さんや私にとって、不動産投資で相続対策は当面必要ない。あったとしても伯母さんの孫に対する話になる。

だが、N氏に紹介されたその大家さんに会いに行くことにした。相続以外の強い動機、という言葉に引っかかった。そして、世田谷でいったいどんな戸建て賃貸を建てたのか、個人的にも興味がある。

「繰り返しますが、不動産投資にはリスクがあります。しかし、怖がってばかりいてもリターンは得られません。リターンを得るにはリスクを覚悟しなければならない。慎重に石橋を叩きつつ、しっかりと渡るのが肝心ですよ。頑張ってください」

N氏は戒めつつ、そう私を励ました。

海外投資でも中古リフォームでもない

都内のホテルのロビーで伯母さん裕子ちゃん二人と待ち合わせしたのは、葉桜になった頃のことだ。まだ、世田谷の女性大家さんには会いに行っていない。

不動産投資の候補として、戸建て賃貸を考えていること、近いうちに世田谷で実際に戸建て賃貸を運用している大家さんに会いに行くことを二人に伝えると、裕子ちゃんが少し興奮気味に口を挟んだ。

「私も不動産投資とか投資物件の相場なんかについていろいろ調べたんだけど、アベノミクスのせいか、不動産があちこちでけっこう値上がりしてるわね。特に都市部は高値に張り付いちゃって、なかなか出物がない感じよ。本格的にやっている人は地元だけじゃなく、日本のアチコチでいい物件を探してる。人気エリアは、それだけ競争が激しくなってるってわけよ」

「土地の値段がどんどん上がる、一種のバブルになれば別だけど、高づかみして売り抜けられなくなったら本末転倒だな」

「ネットなんかでも、初めてでも大成功とか利回り20％とか、聞き心地のいい話が転がってるけど、危ない危ない」

投資活動が活発化して不動産が流動化するのはいいが、それがいつまで続くのか、誰にもわからない。都市部の物件はすでに利回りを回収できないほど、価格が上がっているようだが、やはりそうした影響がまだ及んでいない好条件の土地を探すしかなさそうだ。

「不動産の情報ってのは、一種のインサイダーなんだ。都市部の物件は、やっぱり横の連携とか情報網が重要になるだろう。素人が掘り出し物を探せるのは、条件のいい地方ということになるな」

そう私が言うと、伯母さんが首を傾げた。

「確かに不動産情報にはそういう業界特有の側面もあるかもしれないけど、一般の需要には不向きで表に出ても需要がない物件でも、不動産投資という目的なら活用できる、という掘り出し物だってあるんじゃないかしら。よくわからないけれど……」

「いっそのこと、海外の物件なんかはどうかな。カンボジア、ベトナム、スリランカ、いろいろあるみたいだけど」

そんな裕子ちゃんの言葉を聞いて伯母さんは顔をしかめた。

「いやですよ、そんなわけのわからない土地の物件に投資するなんて。それより、中古の物件をリフォームして付加価値を上げるっていう方法があるそうだけど、どうなのかしら」

「それについても調べてみたけど、けっこうマメじゃないと成功しないみたい。伯母さんみたいな人には無理なんじゃないかしら。それに、ロードサイドのなんとかみたいに居抜きを探して再投資するなんてさ、なんとなく前の人の怨念が染みついてそうで嫌じゃない」

自分の提案を却下された裕子ちゃんが逆襲に出る。相変わらず、この二人の会話にはハラハラさせられる。私はやんわりと裕子ちゃんの意見に付け加えた。

「確かにそうですよ。リフォームは、よっぽどそういうのが好きな人じゃないと、なかなか大変そうですよ。リフォームしても利回りが出るくらい、安値の中古物件を見つけるのもなかなか難しいようです。センスが良くて時間が合って小マメな人ならいいんでしょうけれど……」

「あなたたち、どんなビジネスでもマメに情報を得て、マメにお客さんのケアをしなきゃダメでしょう。中古を探してリフォームすれば、安い物件をそれなりの家賃で貸し出すことも可能になるじゃない」

伯母さんが私たちに反論する。

ところで、不動産投資は、多少の自己資金を持った素人の投資家が単独でやって成功させられるものではなさそうだ。やはり、信頼できる業者の存在が重要だろう。

もちろん、中には悪徳な業者もいるのだろうが、不動産業者にせよ、建築会社にせよ、リフォーム業者にせよ、人間関係を密にし、しっかりコミュニケーションを構築しなければならない。さらに、日銀の短観や政府行政の金融政策、景気の動向、金利などに気配りをし、不動産関連の法規制を勉強し、あちこちから常に情報を仕入れる必要がある。

そんなに簡単なことではないのはわかっているが、戸建中古投資の場合、こうした情報管理や交渉、パートナーとのおつきあいのほか、さらに優良中古物件を安値で探したりリフォームにエネルギーをさくことができるのだろうか。

私にはちょっと疑問だった。だが、今のところ知識がない。新築のほうが賃貸でもなんとなく良さそうだ、という程度でしかない。伯母さんに中古リフォームのデメリットを明確に指摘できない私は仕方なく話を変えた。

「戸建て賃貸を世田谷でやっている方がいて、そこを見学に行けるんですが、伯母さん、どうですか？　この先、日本は住宅が余っていくんですが、行政はコンパクトシティという施策を進めたがっています。その世田谷の物件は、まさにコンパクトシティに隣接した場所にあるんですけど……」

伯母さんは、私の話では世田谷の大家さんというのに興味を持ったらしい。

「いやあね、コンパクトなんとかなんて言われても私、わからないわよ。その世田谷の大家さん、世田谷っていっても広いんだけど、その方、どのへんでやられてるのかしら」

私はある私鉄の駅名を口にした。環八をちょっと出たところだ。

「そこ、どんなお家なの? 戸建てなんでしょ?」

「僕もよくわからないんです。近いうちに実際に行ってみようと思ってます。知り合いのファイナンシャルプランナーの紹介ですから、彼からの指示がないと動けないんですよ」

「わかったわ。じゃ、都合をつけて私も一緒に行きます。裕ちゃん、あんたも来なさい」

伯母さんの命令は絶対だ。我々三人は、翌週の土曜日に世田谷の物件を視察しに出かけることにした。

世田谷の戸建て賃貸を訪ねる

待ち合わせたのは、その私鉄の駅だ。土曜日の昼下がり、ちょっとしたターミナルになっている駅前は買い物客で混雑していた。N氏が言っていたように、駅のすぐ近くの多摩川に面して高層階のタワーマンションが数棟あった。

なるほど、これがいわゆるコンパクトシティ化というやつだな、私が周囲を見回していると、裕子ちゃんが少し遅れてきた。3歳くらいの男の子を抱っこしている。

「この子がグズグズしてるから遅れちゃったわ」

久しぶりにみる裕子ちゃんちの一人息子、心太郎だ。生まれたときにお祝いに行って以来だから、ずいぶん大きくなったと感慨深い。伯母さんはけっこう定期的に会っているようで、すぐに心太郎の手を引いて先導する。

大家さんのYさんが持っている物件は、その駅から高層タワーマンションとは逆の方向へバスで10分ほど離れた場所にあった。すでにN氏から連絡がいっているはずなので、いきなり訪ねてもいいようにしてある。

訪ねるのはYさんの自宅ではない。Yさんが持っている戸建て賃貸に直接、ということになっている。

周辺は住宅地と畑が混在するエリアで、世田谷と言っても多摩川沿いの田園地帯というような地域だ。バス停からは、物件が建っている場所がすぐにわかった。

と言うのも、その一帯ではひときわ目立つようなデザインの戸建て住宅が9棟、整然と並んでいたからだ。目の前は10メートルほどの、住宅街にしては幅の広い道路になっていて、各物件の前には駐車場のスペースがそれぞれ2台分とってある。

「何よ、これ。ずいぶん贅沢な感じね」

近づいていくと、裕子ちゃんが少し声のトーンを上げた。周囲の個人住宅と比べても遜色ないどころか、デザイン性が際立ってかなりグレードが高い。さらに駐車場や一戸一戸の間のスペースに余裕を持たせてある。

「あ、いらっしゃい。こちらです」

Yさんは30代の女性と聞いていたが、最も奥に位置する物件のドアが開き、メガネをかけた中年の男性が出てきて我々に声をかけてきた。

「どうも、お世話になります。えっと……」

「はじめまして。私、こういう者でして」

男性が名刺を出す。私も自分の名刺を出して交換すると、地元の住所が入ったT工務店の名刺でAさんという営業の人らしい。伯母さんと裕子ちゃんを紹介していると、再びドアが開いて一人の女性が出てきた。すらりとした美人だ。

「遠いところ、ご足労いただきまして。……Nさんから聞いています。どうぞ、お入りください」

「あ、Yさんですか。ここ、入っていいでしょうか」

Yさんと A さんに招き入れられるまま、我々四人はその物件に入っていった。満室だと聞いていたが、一棟だけまだ空いているのだろうか。

玄関は広かった。下駄箱も十分の収納スペースがありそうだ。玄関ホールからちょっとした上がりかまちになっているエントランスに靴を脱いでスリッパに履き替え、ドアを開けるとすぐにリビングになっている。

「わあ、広いわね」

明るいフローリングが続き、50平方メートルはありそうなリビングの中央奥には使い勝手の良さそうなアイランドキッチンがあった。リビングキッチンになっていて、アイランドキッチンの向こうはベランダが張り出した開口サッシになっている。窓の外にはちょっとした庭のようなスペースがあるようだ。

「どうぞ、おかけになって」

リビングの玄関側には螺旋階段があり、二階へ上がれるようになっていた。階段側の壁際にソファがあり、我々はそこに座った。Yさんと工務店のAさんは、キッチンの椅子に腰を下ろす。心太郎は眠くなったのか、裕子ちゃんの腕の中でおとなしくしていた。

周囲を見回しても生活臭はまったくない。ここにYさんが住んでいるようには見えなかった。

「ここの物件だけは、弊社がYさんから借り受けてモデルルームにしているんです。ご覧になってすぐにわかると思うんですが、こちらの物件は周辺の環境もいいし、前の道路も広いし、なかなか条件がいいので営業用に借りている、というわけです」

私の疑問を先取りしたように、Aさんが如才なく説明してくれた。なるほど、これならモデルルームとして立派に役に立ちそうだ。

「御社のモデルルームということは、やはりほかの大家さん、オーナーさん向けの、というわけですか」

世田谷に９棟建つデザイン性の高い戸建て賃貸物件。室内はアイランドキッチンでしゃれた雰囲気。

「そうなんです。おかげさまで、こちらをご覧いただくと、かなり強力なピーアールになるんですよ」

クオリティに対する強いこだわり

「こちらYさんが全部お持ちなの？」

伯母さんが、しびれを切らしたように口を挟んだ。

Yさんはといえば、穏やかな表情で我々の会話に耳を傾けている。美人だが、おっとりした感じで世田谷のお嬢様、といった雰囲気だ。

「いえ、私は父に代わっていろいろ不動産のことをやっているんです。以前は普通の会社勤めだったんですが、父が体調を崩しまして。最初はちょっと代わりに、といった感じでやり始めたら、のめり込んでしまい、今では会社も辞めてうちの物件の管理とか新しい投資方法を考えたりとか、素人みたいなものですがなんとかやらせていただいております」

もともと農家だったY家では、お父さんの代で畑の一部を駐車場やアパートにして運営していたのだそうだ。残った畑ではカボチャやジャガイモなどを栽培し、農家としての仕事もしてきた。

だが、アパートも老朽化し、お父さんも入院するなどしたことをきっかけに、Yさんが税理士さんに相談して資産の組み替えを検討し始めたらしい。

「父が戦後すぐに建てたアパートがとにかく古くなって、入居者の方々も高齢化してきました。いろいろ不安なこともあるので、新陳代謝するのと同時にアパートの建て替えを含め、建て替えを考え始めたんです。入居者の方には管理会社のほうから話してもらって、円満に出てもらい、さてどんな物件を建てようか、という段になって……」

Yさんは、大手のデベロッパーにマンションやアパートの見積もりを出してもらったそうだ。すると、とにかく銀行から融資をさせて大きな建物を建てさせようとする魂胆が見え透いて、ほとほと呆れてしまったのだと言う。

「借金までして資産を組み換えるのはおかしい、と私でも思いました。こう見えても会社勤めも10年ほどしていましたし、営業や経理の仕事もしてきたから、少しは社会のことを知っていましたから。大手さんにまかせていたら、大変なことになる、と思って自分でいろいろと調べてみたんです」

Yさんは、人様にお貸しする物件は、自分でも入居したくなるような魅力的なクォリティでなければ納得できない、と思ったそうだ。しかし、大手にその条件で相談すると、途方もない金額を提示してくる。

「いらっしゃったからわかるかもしれませんが、このあたりは世田谷と言っても駅まで徒歩で30分くらいかかります。家賃との兼ね合いもありますが、2LK、3LDKでもニーズがあるエリアです。畑も残っているような環境ですから、お子さんを育てるのにもちょうどいいかなって」

そう思ったYさんは、ターゲットを「持ち家を購入するまでのファミリー層」とし、子育て世代でも少しステータスは高めのご家族に入居してもらいたい、と思った。だが最初は、戸建てではなくメゾネットタイプのマンションにしようか、と考えたらしい。

「戸建て賃貸という選択肢があるというのを知らなかったんです。でも、いろいろ調べてみると、今の若い子育て世代が一戸建てに住みたがっている、というニーズの存在を知り、大手のデベロッパーさんに相談してみました」

しかし、大手は、戸建て賃貸はコストも割高になるし登記も面倒だし、と嫌がったらしい。粗利の稼げる規格通りのマンションを建てさせたかったのだろう。

さらに、そうした既存のデベロッパーは、デザインも画一的で安かろう悪かろうというクォリティの提案しかしてこない。これもやはり建物で利益を上げたがっているからだ。

Yさんは OL時代にインターネットの広告営業などもしていたので、ネットには詳しい。すぐに、デザイナーズ、戸建てというキーワードを入れて検索してみた。すると、戸建ての新築の賃貸を提案する業者がいろいろと引っかかってきたそうだ。中には、サブリースの家賃保証をうたって投資家を集めようとする業者もあったらしい。

しかし、どれもデザイン的に今一つしっくりこなかった。

世田谷という土地柄、Yさんもターゲットはある程度、余裕のある子育て世代になりそうだ、という予想を立てていた。今の若い世代は特にデザイン性にこだわりが強い。実用性と感性のバランスをとってよく見極めて合理的な判断で消費行動を決めるのは、何も賃貸物件に限ったことではない。

広告業界にいたYさんは、こうしたターゲット世代に受け入れられるデザイン性についても詳しい。そのYさんが探しても、戸建て賃貸のデザインはどれも納得いかないものばかりだった、と言う。

やはり初期投資を低く抑えることが前提の戸建て賃貸ではこんなものか、と半ばあきらめかけたとき、Yさんが「これだ」とピンとくる業者が検索エンジンに引っかかった。それが、Aさんの工務店がモデルルームとして一棟借り受けたいと考え、我々が今こうして見学に来ているまさにこの物件、というわけだ。

「casita（カシータ）」ってなんですか？

「それってどこの物件だったんですか？」

「カシータ・ネットワークというところがやっている『カシータ』という戸建てブランドです」

Yさんは、サイトで見た「カシータ」の高いデザイン性に惚れ込んだらしい。自分が入居したい、というのが彼女のハードルだが、それを十分にクリアするものだった。

「デザインのクォリティ、主婦が使い勝手のいいデザイン、特にアイランドキッチンは譲れないな、って思っていましたから、図面とサイト上のギャラリーを見ただけでここの住宅を建てたいって決めました」

いてもたってもいられず、東京のカシータ・ネットワーク本部に電話すると、全国に工務店のつながりがあり、近くの工務店、Aさんの会社を紹介してもらう。同時に、お父さんの代から相談に乗ってもらっている税理士さんに話してみた。

「長期優良住宅なら固定資産税も安くなるし、とにかく相続対策を心配してくださいましたね。私には兄弟が一人いるのですが、戸建てにすれば、相続の際にも分割できますから。父もそこが気になっていたようで、自分が亡くなった後に子どもたちが揉めるようにしたくない、って言ってます」

だが、「カシータ」の物件は、Yさんが建てようとした時点で関東近県にはまだなかった。だから、Yさんはお母さんを伴って山口まで現地を見に行ったのだと言う。山口には

「カシータ」の戸建て賃貸の事例が多かったからだ。

「管理会社や不動産屋さんにも相談したんですが、このあたりで新築の戸建て賃貸という物件はほとんどないんですね。それを聞いたときに、これは大丈夫だな、と思いました。ニーズはありそうなのに物件がないんですから。実際に山口まで行き、『カシータ』の実物を見て、その予測は確信に変わったんです」

　なんとも思い切りのいい女性だが、普通、周辺に物件がほとんどなければ不安になるのではないだろうか。そう聞くと穏やかな表情で首をかしげる。

「自分が住みたくなった時点で、これはニーズが

http://www.casa-p.com/project/casita/
カシータ・ネットワーク本部
運営会社：カーサ・プロジェクト株式会社　☎03-5786-9340

あるって思えたんです。アイランドキッチン以外も、お風呂にしてもトイレにしても洗面台にしても、ドアノブにしても、一つひとつにこだわりがあってクォリティが高いんですね。賃貸でこれだけ広いバスがある物件はそうないはずです。だから、募集をかければすぐに入居者は埋まるはず、って確信がありました。ただ、困ったのは不動産屋さんがこの種の物件を扱った経験がなくて、家賃の相場観がないんですね。だから、今から考えればもう少し考えても良かったかなと思っています」

世田谷区内で戸建て3LDK、駐車場は2台で家賃は16万5000円だそうだ。エントランスに余裕があるので、無理をすれば3台駐車が可能らしい。それを聞いた裕子ちゃんが、驚いたように腰を浮かした。

「安いですよ、それは。そんな家賃で大丈夫なんですか？」

土地はお父さんのものを転用し、上物は駐車場の土地を売却した資金を充当した、ということだが、すべて自己資金とは言え、この値段ならそれはすぐ入居者が殺到するはずだ。

だが、上物の値段を聞いて私も裕子ちゃん以上に驚いた。

目標が少しずつ見えてきた

「9棟で1億1400万円でしたね。建坪は25坪。相続で分けることを考えて、水道や電気、ゴミの集積場などをばらばらに施設したので割高になったようですが、そうしなければもっと安くできたはずです」

1棟あたり1260万円ちょっとだ。Yさん曰く、ちなみに大手に見積もりさせたら6棟で9000万円、1棟あたり1500万円と言われたらしい。戸建てはコスト高というイメージがあるが、これはそんな常識を覆す価格だ。

後で工務店のAさんに聞いたが、「カシータ」は2棟以上で建築するので費用対効果が高く、1000万円ちょっとで建てることも十分に可能らしい。全国規模の工務店ネットワークということで、一種の量産効果によるコスト低減を実現しているのだろう。

「入居されている方はどんなご家族なんですか？」

玄関を出しなに、伯母さんが聞いた。これから畑仕事に出る、と麦わら帽子をかぶりながらYさんが心太郎の頭を優しくなでた。実家がやっている近くのヒマワリ畑を見回りに行くらしい。

「ボクも来る？　……ええ、お子さんがいる30代のご家族が多いんですが、法人で借り上げていらっしゃったり、お医者さまもいます。いい方たちに住んでいただけて本当にうれしいです。戸建て賃貸は、ニーズをよく考えてクォリティを落とさず、自分が納得するものを建てればうまくいくと思いますよ」

法人借り上げだと入退室のスパンも長くなる。修繕費用も安く抑えられる。戸建てなら自宅エリアの草むしりなど、入居者が自分の家のようにメンテナンスしてくれることもあるだろう。

「『カシータ』、ねえ。そんなうまい話、本当にあるのかな」

バス停までゆっくり歩きながら、裕子ちゃんがつぶやいた。多摩川のほうから吹いてくる風を気持ちよさそうに受けながら、伯母さんが少し考え込んでから言った。

「Yさん、もともとの土地持ちだからね。なんと言ってもここは世田谷なんだから、自己資金がほとんどなくてできるビジネスモデルじゃないわよ。でも、場合によっては不可能じゃない。ちょっと希望がわいてきたわよ」

私も裕子ちゃんも伯母さんの意見に同感だった。

確かに、Yさんの事例はあらかじめ持っている資産の組み換え、というケースで我々が目指している不動産投資とは違う。だが、Yさんが建てた物件のクォリティ、上物の値段、ニーズなどを考えれば、土地を安く手に入れ、それプラス1棟あたり1000万円ちょっとをまかなえる利回りを考えれば確かに不可能ではなさそうだ。

バスの中で伯母さんは私たち二人に向かい、「カシータ」やカシータ・ネットワークについて詳しく調べてみるように命じた。心太郎はすでに裕子ちゃんに抱っこされて寝ていた。

T工務店のAさんに相談してみたら、もっとほかに物件を見せてもらえるかもしれない。

第Ⅲ章

戸建て新築プレミアムって魅力的！

ローリスクの不動産投資じゃなきゃいやだ

2020年の東京五輪のせいか、大都市圏の地価や不動産がちょっとしたミニバブル状態になったのは記憶に新しい。私の知人も2年前、山手線沿線にオフィスビルを一棟買ったが、それが1年も経たないうちに1・5倍になった。知人はすぐにビルを売って数億円の利益を手にしたが、また別のビルを買うつもりだそうだ。

だが、バブルというのは永遠には続かない。中国発の世界同時株安などが原因となり、不動産の東京五輪景気も一段落した感がある。また、東京五輪のミニバブルも恩恵を受けているのは大都市圏だけで、地方の地価や不動産価格に上がる気配はない。

私も伯母さんに調べろと言われ、いろいろと勉強してみたが、やはり不動産投資に限らず「必ず儲かる」という話はないし、あったら怪しさ満開だろう。ただ、金利は依然として超がつくほど低い。「歴史的低金利時代」とも言われるほどなのだから、いい物件を手に入れることができれば、銀行融資を受けたとしても金利差で利益が期待できる。

世田谷の戸建て賃貸を見学に行った後、私はこれまで調べたことを伯母さんにまとめさせられた。それを簡単に箇条書きにすれば以下の通りだ。

①市場の動向を考えると、人口減少で中長期的に見れば不動産ニーズは今後あまり上がらないだろう。我々の不動産投資では、30代前半から40代の子育て世代をターゲット層にする。このターゲット層は、長いローンを組んでまで持ち家を建てるのは避けるのではないか、と予想される。また、ターゲット層の親の世代がすでに持ち家を持っているので、それを相続するまでの間、賃貸に住む可能性も高い。

②一方、世代を問わず、持ち家指向は強い。これは、アパートやマンションなどの集合住宅ではなく、戸建てで子育てをしたい、という指向とも言える。また、家や車を所有せずにリースやレンタルですませ、趣味や娯楽、教育資金などほかのことに収入をまわす意識が強くなってきているし、将来への不安感も根強い。不動産の種類もその層が求めているものになる。具体的には、3LDKの分譲マンションか戸建て賃貸になるだろう。

③どのエリアで投資するのか。二極化するであろう国内の不動産事情から、立地の良い地方の物件を探す。利益を確保できるだけのある程度の家賃が期待できる立地と物件であること。地方でも中核都市ではコンパクトシティ化が進むことも考慮に入れる。

④アパートマンション投資は、すでに供給が飽和状態であり、空室率も高いことが予想される。賃貸物件の市場では部屋余りの状態であり、サブリースなどを使って空室リスクを回避する手法にも限界があり、それ自体にリスクがあることも考えられる。戸建て賃貸にしても中古の戸建てをリフォームするのは、手間暇などの労力を考えると難しいのではないか。そもそも、日本の住宅は寿命が短く、中古住宅市場の規模も小さくて流通量が少ない。

⑤戸建て賃貸を新築で建てる、という不動産投資の形がある。このほうがアパマン投資よりもリスクが低いかもしれない。世田谷のYさんの事例だが、ニーズは確実にあり、立地や家賃の設定で質の高い入居者を期待できる。問題は、土地代と上物だが、その合計を

1億円とし、銀行の融資を受けることができれば、利回りによってローリスクの不動産投資になる可能性がありそうだ。

⑥Yさんの事例から、上物を1棟1000万円ちょっとで建てることができるという可能性が見えてきた。首都圏では難しいかもしれないが、比較的地価の安いエリアで立地が良い土地を見つけることができ、良心的な工務店や不動産業者と一緒にやればいいのではないか。重要な点は、子育て世代のニーズにあった高いデザイン性や女性視点の感覚を物件にいかに反映させるかだろう。

伯母さんは、ソファの上で猫をなでながら、そんな私の説明を聞いていた。息子の慎平ちゃん夫婦とは別の部屋に、伯母さんはそのヒマラヤンのメス猫と一緒に住んでいる。

大伯父さんは品川で手広く商売をしていたが、亡くなってから伯母さんが事業を引き継ぎ、慎平ちゃんの代で商売をしていた土地にマンションを建てた。それまでの多種多様な商売は手仕舞いし、商店街に面した一階で日本茶の販売店をやっている。一階には魚屋やパン屋など、いろいろな小売りテナントが入っているから、その商店街ではちょっとしたスーパーマーケットのように重宝がられ、どの店も繁盛している。

マンションの二階部分を伯母さんと慎平ちゃん家族が使い、上の階は賃貸で貸しているはずだ。

不動産投資なんか始めず、その家賃で生活すればいいのだと思うが、伯母さんはすでに慎平ちゃんに譲ってしまったマンションのあがりで食べていきたくはない、と意地を張る。言い出したら誰の言葉も耳に入らない人だから、私を含め、親戚中ではもう伯母さんを説得するのはあきらめていた。

新築プレミアムを考える

「その新築で戸建てを建てて、そこを賃貸で貸すっていうの、もっと気をつけなきゃならないことがほかにもあるわよ」

伯母さんは、まだ中古リフォームの戸建て賃貸にこだわっているのだろうか。なでられるのに飽きた猫が膝の上から降り、どこかへ行ってしまってから伯母さんは念を押すように言った。

そのヒマラヤンの猫は、慎平ちゃんがこのマンションを建てる前、伯母さんが大伯父さんと一緒に暮らしていた頃に飼い始めた。台風で大雨の日に、ベランダでミャアミャア鳴いていたらしい。濡れそぼって汚らしい猫だと思ったそうだが、洗ってドライヤーで乾かしてやると、ヒマラヤンの銀色に輝く見事な毛並みが復活した。その頃から伯母さんは「ヒマラヤン」と言えず「平山さん」と、この猫を呼んでいる。

「新築戸建ての注意点って？」

「そりゃ、あなた、新築プレミアムのことよ」

「新築プレミアム？」

伯母さんは、大手の住宅デベロッパーに勤めている慎平ちゃんの同級生、健吾さんからその言葉を教えてもらった、と言った。健吾さんは私も何度か会ったことがある。伯母さんも息子の友だちとして小さい頃から知っていて、今でもよく家に遊びに来るそうだ。

「なんでも新しいものには価値があるもんよ。車だってそうなんだから、不動産も同じ。健ちゃんが言うには、新築の物件は家賃も高く設定できるし、入居者にも人気だから募集してもすぐに埋まるそうよ」

どうやら、中古リフォームではなく新築戸建ての賃貸のほうへ気持が傾いているらしい。

なるほど、と私が感心していると、伯母さんは「でもね」と話を続けた。

「新築だからって高い家賃にすることができる期間なんて、そう長くはないでしょ。だから、利回りの計算のときに、新築プレミアムの家賃で計算すると危険なのよ。返済する利回りは、新築プレミアムがなくなったときの家賃を想定して決めなきゃダメなんですって」

「でも、やっぱり新築のほうが有利なのは変わらないじゃないですか。安く中古の物件を探してリフォームするのと、手間暇、中古が敬遠されて入居者が決まらないリスクを考えたら、そう違わないでしょう」

「だから、そこが大事なのよ。あなたが言う通り、不動産投資にはリスクがつきものだけど、その中では空室リスクが肝心よね。新築なら入居者もすぐ決まるでしょう。その入居者が長く借りてくれれば、新築プレミアムの利点が失われるのを先延ばしにできるわけだし」

賃貸物件の場合、単身入居者は2、3年で入れ替わり、家族世帯でも平均は5、6年と言われている。我々が想定している子育て世代の場合、長くても6年サイクルで新築プレミアムは消失すると考えたほうがいい。

新築の時点の家賃を100とすると、最初の家族世帯が5年で入れ替わるとすると5年でそれが95、家賃は5％減となり、その後の5年でさらに5％減って90になるくらいの予想を立てておいたほうが無難だ。家賃価格の硬直性を考えれば、その後はそれほど大きな下落はないだろう。つまり、新築プレミアム時点の家賃設定が、その後の家賃の変化にとって重要となる。

これを先ほどの箇条書きに付け加えよう。

⑦もし戸建て賃貸を新築で建てるなら、新築プレミアムの家賃で長期ローンを組んではいけない。新築プレミアムがなくなったときの家賃を想定して融資を受けることが重要だ。

「そういえば、Yさんのところ、『カシータ』って物件だって言ってたわよね。健ちゃんはその名前、知らなかったけど、あなた、『カシータ』についても調べてくれたんでしょ?」

もちろん、すでに調べていた。とは言っても、まだネット検索までだが。

健吾さんは大手の住宅デベロッパーのサラリーマンだ。「カシータ」というのは、そこまで広く知られていない名前というわけだが、ネット上にはほかにも多種多様な戸建て賃貸業者のページがあった。その多くはハウスメーカーが賃貸用の戸建てを用意し、量産効果などで上物を安く建てることを売りにしている。

「カシータ」はデザインにも力を入れている

戸建て賃貸の業者の多くは、アパートやマンションなどを建てるほど広くはなかったり変形した土地を活用したり、二世帯住宅として建てて後に賃貸に転用することを勧めたりしている。また、中には新規の不動産投資家のために、資産運用のコンサルタントのようなサービス提供を強く打ちだしてピーアールしているところもあった。

共通しているのは、上物の安さと表面利回りの高さだ。営業用だと思うが、上物は安いところで７００万〜８００万円、表面利回りは９％後半から14、15％などという夢のような数字が並ぶ。これはあくまで表面利回りなので、固定資産税や修繕費などの諸費用を入れると、当然、実質的な利回りはもっと低くなるだろう。

「カシータ」は、と言えば、全国の不動産業者や工務店が集まった「カシータ・ネットワーク」というところが本部になり、戸建て賃貸の商品開発や販売促進をしているらしい。ここもほかと同じで上物を１０００万弱で建てられ、表面利回りも低いケースは８％半ばから高いもので14％台まである。

やはり、自己所有の土地を利用し、土地代がかからなければ利回りが良くなる。逆に、土地代込みだと、「カシータ」でも利回りは10％に届かないケースとなってしまうようだ。

カシータ・ネットワーク本部を運営するカーサ・プロジェクトでは、従来の戸建て住宅も建ててきた。それが「casa（カーサ）」というシリーズなのだが、施主はサイズや大まかな仕様、間取りなどを選ぶだけで、あれこれ悩まずにすむのが特徴だという。部材などを

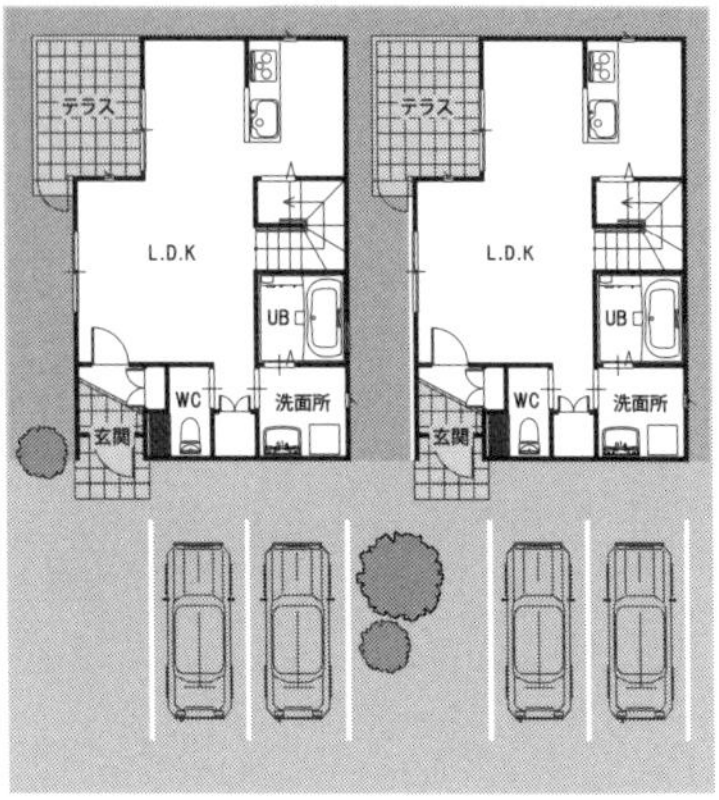

「カシータ」のレイアウト例と高い入居率をうたうホームページ

厳選し、デザイン的にも機能的にも優れた材料を安く提供することで、家の価格も施主の想定の圏内に収まる。オプションがどんどん追加され、見積もりから大きくかけ離れた価格になりにくいようだ。

その「カーサ」シリーズの家は確かにデザイン性が高く、中でも「四角く白い窓のない家casa cube（カーサ・キューブ）」というのは、私もニュースか新聞か何かで見知っていた。天窓を配し、壁面を活かし、壁の窓は細長いスリット状になっている。そのため、冷暖房効果も高く、セキュリティにも優れているらしい。

「カシータ」というのは、この「カーサ・キューブ」をベースに、何よりも若い世代の入居者、特に女性の視点で考えられた仕様で、戸建て賃貸用にさらにブラッシュアップしたもののようだ。長期優良住宅認定を取得できる設計で、様々な税制優遇制度を活用できる。気密性や断熱性が高いために冷暖房費を低く抑え、耐震性も高い。

高品質で快適、デザイン性も高いものを25坪から、という土地にコンパクトに建てる、というコンセプトだ。コストを徹底的に見直し、コストパフォーマンスに優れた戸建てを建てることができるので、オーナーにとっては想定利回りを有利に設定できる。また、長期優良住宅は可変性が高く、リフォームもしやすいらしい。

「伯母さんは、『カシータ』ってどう思ったの？」

「私の世代から見ると、やっぱりアイランドキッチンでお台所が丸見え、っていうのには抵抗があるわね。リビングと一緒なんでしょ、あれ。くつろぐところと食べるところは別々にしたいのよ。でも、若い奥さんなんかは、ああいうのが使い勝手が良くて便利に感じるんじゃないかしら。私も慎平が小さかったら魅力的に感じたかもしれないもの」

なぜ不動産業者は戸建て賃貸に弱いのか

「カシータ」では、キッチンはシステムキッチンが標準で、アイランドキッチンもレイアウトプランの一つとなっている。共通するのは、ＩＨヒーター、混合水栓、レンジフードのファン、照明などが充実していることだ。

また、追い炊き機能付きのユニットバスは1坪が標準と広々としている。オプションで浴室乾燥機も追加できるようだ。

トイレはウォッシュレットで便座は暖房機能付きが標準だ。

外装も、屋根は軽く錆びにくいガリバリウム鋼板で、この材質の屋根は断熱性と遮音性に優れていると言われている。外壁は、窯業系サイディングで、地震に強く防火性が高い。また、窯業系サイディングはリフォームがしやすいことも特徴だ。

「デザイン性が高いのは当然として、オーナーとしては管理がしやすいのはいいわよね。あと、土地を持っていなくても、高いコストを上物にかけなくてもいいんだから家賃次第ではかなり有利な利回りにできそうだわ。ただ、まだまだほかにいい条件の不動産業者や工務店がいるかもしれないから、要検討、ってとこね」

不動産投資は慎重に臆病なくらいでちょうどいい。いろいろ考えていれば、多種多様な注意点が浮かんでくる。

実は、私にはこれ以外にも少し引っかかっていることがあった。

「なるほど、新築にはメリットデメリットがあるってわけですね。あ、あと気になっているのが、世田谷のYさんのところで聞いた話なんですが……」

私が心配しているのは、もしも戸建てを新築で建て、貸し出す場合の家賃設定のことだ。Yさんは「不動産屋さんに値頃感がなく、強気の家賃設定ができなかった」というようなことを言っていた。

日本の賃貸物件の家賃は、価格が硬直化してなかなか変動しにくいのが特徴だが、それでも家賃相場は常に微妙に変化している。ごくわずかな利回りの差が、長い期間ではバカにならない金額になるわけだから、新築プレミアムにしても家賃は少しでも高いほうが安心だ。

Yさんの話によれば、なぜか戸建て賃貸については、経験のある不動産業者でも値付けが難しいようだ。

だが、どうして戸建て賃貸の家賃相場を決めるのは、そんなに難しいのだろう。私が考え込んでいると、伯母さんが立ち上がってクローゼットを開けた。

「平山さん、平山さん」

猫を探す伯母さんを残し、私は部屋を出ようとした。この足でT工務店の社員、Aさんから紹介された、また別の大家さんに話を聞きに行くつもりだった。

「それからね、これは当たり前だけど念を押しとくわ。国交省なんかの防災ハザードマップとか、将来に治安の悪化が予想される地域とか、よく検討して物件を探さなきゃダメよ」

伯母さんが出しなの私の背中へ声をかける。これでまた新たな注意項目が加わることになった。猫の平山さんは見つかったのだろうか。

マンション一階のスーパーに入った一角では、慎平ちゃんの茶販売店で本人が店番をしていた。あの大伯父さんが残した事業も、後継ぎの才覚でこれほど縮小せざるを得なくなる。とかく世の中は一筋縄ではいかないものだ。

オーナー自身が住みたくならなきゃダメよ

T工務店のAさんとの待ち合わせは、横浜駅から私鉄に乗り換えて数駅行った駅の改札だった。世田谷のYさんの立地より、かなり地価は下がるだろう。

品川から横浜まで移動する間、キオスクで買った新聞を読んでいると、政府が新たな住宅政策を打ち出した、と書いていた。なんでも「祖父母や親、子どもの三世代が大家族に住むことが可能となる住宅政策を検討実施する」らしい。

おいおい三世代が同居かよ、と思ってよく読むと必ずしも同居させることが目的ではないようだ。ようするに、財政が大赤字だから社会保障費軽減のために国民は家族で助け合ってもらいたい、ということなのだろう。政府は以前から国交省所管の賃貸住宅で、親子の世帯が近くに住む場合、家賃の割引をしているらしい。

これは大学教師の友人、Kが教えてくれたデータと合致する。すでに祖父母や親の世代は持ち家を建てているが、子どもの世代は同居を望まない。かといって子育てで協力してもらいたいから、あまり遠方では不便だ。勢い、世代をまたいで「スープの冷めない」近所に住むことになる。

一種の「セミ同居」の住居形態だが、これが核家族化が進む中で大きくなった今の子育て世代の距離感なのだろう。

いずれにせよ、この動きは我々が考えている戸建て賃貸を後押ししそうだ。三世代が同居もしくは近くに住むようになれば、家族で住む賃貸物件が流動化し、市場も活性化するだろう。

待ち合わせ駅の改札にはすでにAさんが来ていた。見学する物件は、車で5分ほど移動した場所になる、と言う。

「位置的にはこの駅と隣の駅の間くらいになります。徒歩10分というところでしょうか」

車は駅前のロータリーから細い路地に入る。今では店舗ビルやアパート、一般の家屋が立ち並んでいるが、十数年前までは農地だったようなエリアだ。横浜駅周辺から徐々に宅地化が広がり、ようやくこのあたりまで到達した、という感じだろう。

Aさんの営業車は軽自動車だが、それでもやっと通り抜けられるような路地がうねうねと続いていた。まだ竹藪なども多く残っているので、明るい街路灯が間隔を開けずに立っていなければ、夜間の通勤通学などはかなり注意を要するようなエリアでもある。

「オーナーさんはどんな方なんですか？」

「このあたりで何棟かアパートや高齢者向けのグループホームを持っている方ですよ。半年前に古くなったアパートを戸建て賃貸に建て替えたんです」

もちろん、AさんのT工務店が手がけた物件だが、そのオーナーは基礎工事の業者でもあると言う。同じ建築関係の業者で不動産物件も工事しているわけだが、そうしたオーナーも戸建て賃貸をチョイスする、というのが興味深い。だが、このオーナーも世田谷のYさんと同じく、自己所有の土地を有効活用する方法としての戸建て賃貸というわけだ。

細い路地が急に開けると、大谷石の塀に囲まれた大きな庭のある二階建てが見えてきた。それが今回のオーナー、Eさんの家だった。

裏手には、いくつか古いアパートがあり、我々が車を止めた駐車場から世田谷で見たものと同じような戸建てが3棟並んで建っている。ただ、世田谷の物件は無理をすれば3台分の駐車場が用意されていたが、こちらの物件では1台ずつしかない。

「実は正確に言うと、こちらは戸建てではないんですよ。ほら、1棟1棟の間がつながっているでしょう。間の部分は物入れになっていますが、3棟一体の棟続きとして登記しています」

Aさんは、敷地の細分化を抑制する規制があるから、と説明する。ただし、入居者に対してはあくまで戸建てというイメージで募集したらしい。

そんな説明を聞きながら、Eさんの大きなお宅にお邪魔する。基礎工事を営むご主人は仕事で不在のため、Eさんの奥さんが対応することになった。奥さんに言わせると、ご主人は口べただからむしろそのほうがいい、ということらしい。

戸建て賃貸を選んだきっかけは、Eさんが近隣に持っていて築年数がかさんできたアパート1棟を建て替えることにしたことだった。ただ、エリアが市街化調整区域であることもあり、また周辺のアパートやマンションなどの賃貸集合物件に空室が目立ち始めたこともあり、相続対策も考えなければならなくなったこともあり、Aさんの工務店の戸建て賃貸の提案を受け入れることにした。

「実際、まだ残っているアパートのほうは空室率50%、半分が空室ですから。こっちの家賃は2Kで6万から7万円です。前から取引のある不動産業者からは、この周辺でありきたりのアパートやマンションなら家賃はワンルームで月3万円がいいところ、と言われました」

物件の少なさが弱気家賃の理由なの？

最初はAさんから戸建て賃貸の話を聞いても、Eさんご夫婦は半信半疑だったそうだ。だが、「カシータ」のパンフレットを見て、世田谷のYさん同様、実物を見学しに戸建て賃貸の事例が多い山口県まで行ったらしい。

「そうしたら、これが素晴らしくて。自分でも住んでみたいって思いました。3棟のうち、しばらく入居者が集まらなかったら、自分たちでその1棟に住んでもいいかな、なんて主人と話してたくらいです」

だが、募集をかけてみると一瞬で入居者が埋まった。早い者勝ち、ということで、内覧しないうちに決めてくれたお客さんもいたらしい。

気になっていた家賃も最初は月9万円と不動産業者から提示されたが、駐車場代別で強気の月12万円にした。だが、それでもすぐに入居者が決まった。

人気の理由は、周辺に戸建て賃貸という物件自体が少ないこと、ウォシュレットや室内乾燥機などの設備の充実度、ペット可にしたこと、そして新築プレミアムだった、と言う。

「今はネット上に不動産情報が出回る時代でしょう。お客様はそうした情報を横並びで見比べて決めます。戸建てがいいというお客様がいても物件自体がないですし、やっぱり住む条件を決めるのは奥様が多いのでランニングコストを考えたＬＥＤ照明、都市ガス使用などの設備条件もおろそかにできませんし、もちろん築年数が少なければそれだけ検索で上位にきます。ただ、その分、付帯工事費が増えましたけど、主人なんかはいつまでも熱心に基礎工事や外構工事をやってました」

だが、なぜ不動産業者は家賃の見積もりがこれほど弱気なのだろう。これは世田谷の物件を見学してＹさんから話を聞いたときからの疑問の一つだ。

「戸建て賃貸、それも新築という物件が少ないからでしょうね、それは。不動産屋さんが手がけた経験が少ないから、ニーズもわからないし値頃感を持ちにくく見積もりも立てに

戸建てのイメージを残しながら3棟続きにした横浜の物件

くいんじゃないかと思います」

なるほど、やはり物件、つまり「タマ」自体が少ないのが新築戸建て賃貸というわけだ。大手が参入しにくいニッチな業態なのだろう。その分、競合も少ないし、家賃も周辺の同条件の賃貸集合住宅より高く設定できる。

Eさんは、事業融資で13年ローンを組み、1棟あたり1200万円以下で建てたそうだ。家賃を高くできたため、想定利回りよりも有利な条件になった、と喜んでいた。

戸建て賃貸って様々な魅力がある

既存のアパートを取り壊し、その跡地に戸建て賃貸を3棟建てたEさんの物件。そこには現在、三世帯が入居している。

Eさんに間に入ってもらい、その中の入居者の方、Sさんの奥さんに話を聞くことができた。

Sさんのご主人は都内の一部上場企業に勤める30代後半のサラリーマンで、奥さんも同年代の専業主婦。もうすぐ2歳になるお子さんがいる3人家族だ。

「半年前、こちらへ引っ越してくるまでは横浜市西区の賃貸マンションに住んでいたんですが、子どもが歩き始め、あちこち走り始めるようになってから、子育ての環境にいい家を探していたんです。私自身、鶴見区の一戸建てで生まれ育ったものですから、子育ては一戸建てがいいと思っていましたし、マンションなどの集合住宅ではどうしても隣近所のつながりが希薄になることもあって不安だったんです」

特に2011年3月の東日本大震災の経験で、Sさんはいざとなったときには近隣住民との助け合いや協力関係が大切だと強く感じたそうだ。

ご主人の通勤に支障がないエリアの一戸建てをネット検索すると、すぐにEさんの物件が見つかり、内覧を待たずに手付けをうったらしい。

「『カシータ』さんのホームページも拝見し、3LDKという間取りや追い炊きができる広いお風呂、子どもが走り回っても大丈夫なリビング、もちろん家賃の予算内に収まったこともあって決めました。実際に見に来たときはまだ竣工前だったんですが、畑や雑木林が残る周辺の環境も気に入ってしまい、ここにして本当に良かったと思っています」

満足そうに話すSさんだが、ご主人は駅まで自転車通勤で駐車場はまだ未契約だ。だが、ここに転居してから車の購入も考えるようになった。

そばで我々の話を聞いていたEさんが付け加える。

「うちの主人、自分の物件だからってわけじゃありませんが、基礎工事や外構の工事をそれは熱心にやってたんです。Sさんがこの夏、お家の前にミニプールを出してお子さんを水浴びさせていたんですが、まんざらでもない様子でそれを笑いながら見てましたよ。アパートやマンションだとそういうの難しいでしょう。それに、自分が手がけた物件で、お客さんが楽しそうに暮らしているのを見る機会って、工事関係者はあまりないことなんですよね」

Sさんご夫婦はお二人とも持ち家に住むご両親が健在で、今のところ家を建てる予定はないようだ。この戸建て賃貸にいたく満足しているので、しばらくは住み続けるつもり、と言っていた。

「あ、忘れていましたが、戸建てだと家の入り口から玄関までちょっとしたエントランスがあります。それも魅力ですね」

そうSさんが付け加えると、Eさんが我が意を得たりといった表情で笑った。Eさんのご主人が最もこだわった外構工事が、このエントランスだったからだ。

その様子を眺めていた私は、入居者とオーナーがこれほどいい関係を築ける賃貸物件というのもなかなかないのではないか、と思った。EさんとSさんに別れを告げ、Aさんの営業車に乗せてもらい、待ち合わせたのとは別の横浜に近いほうの駅へ向かう。

Eさんの物件は両駅のちょうど真ん中あたりだからだ。来るときとは別の景色も見てみたかった。道すがら私は、Aさんに「カシータ」について聞いてみた。

なにしろ女性目線でどんどんデザインを練っている

「Yさんのところでも先ほどのEさんのところでも山口に見学に行ったとおっしゃっていましたが、『カシータ』というのは山口県が発祥なのです」

Aさんが説明するには、「カシータ」自体はもともとカーサ・キューブがベースになっている。

「そのカーサ・キューブを女性のデザイナーを起用し、戸建て賃貸用にしたのが山口のS社さんなんです。現在、うちのような地場密着工務店がカシータ・ネットワークに加盟して全国各地に『カシータ』を建てているようです」

やはり、アパートやマンションなどの大規模集合住宅は大手のデベロッパーが抑えてしまいがちだ。私の親戚にも地方で小さな工務店を経営している人間がいるが、最近は戸建ての着工数も減りつつあり、リフォーム工事も競争が激しくなって大変だよ、とこぼしていた。

だが、自宅を建てたりリフォームするには、やはり気心の知れた地元の工務店に依頼したくなる。竣工後のちょっとした手直しやメンテナンスでも、近くにいるだけでなんとなくこまめにやってくれそうな気にもなる。AさんのT工務店も、中心ビジネスは注文住宅だが、施工エリアを地域密着で限定しているのが売りだそうだ。

「着工前後にお客様とのコミュニケーションを密にするためにも、またお引き渡し後にすぐに駆けつけるためにも、弊社のショールームからある一定距離圏内で施工させていただいています。大手さんの下請けではなく、年間の着工棟数も限定し、地域に根ざした工務店としてお客様と何世代にもわたっておつきあいしたい、というのがうちの社長のポリシーなんです」

T工務店では、一般のお客さん向けに銀行融資や返済方法、期間など、ライフプランナー的なファイナンスの相談も受けているそうだ。また、不動産投資の場合、自己資金が足りなかったり自己所有の土地がない場合、どうしても銀行からの事業融資を受せざるを得ない。

「カシータ・ネットワークでは、地域の工務店がお客様と金融機関との橋渡しもやっています。戸建て賃貸というビジネスモデルが成功しているからこそ、銀行さんもお金を貸してくれるわけですから、カシータ・ネットワークは現在、全国規模で成功例を積み上げているところじゃないでしょうか」

ところで、世田谷のYさんも先ほどのEさんも、そして入居者としてお話を聞いたSさんも女性だった。やはり、実際に家族が住む家を決めるのは女性が主導権を握っているのだろうか。

「一概には言えませんが、どこのご主人もお仕事が忙しいので、なかなか内覧などもできません。その場合、やはり奥さんが足を運ばれる、ということも多いんです。手前味噌のようですが、『カシータ』の物件は注文住宅を建ててきた工務店の人間から見ても、また男の私から見ても、なかなか魅力的だと思います。内装や機能、設備など、男性にはない発想で感心するところも多い。特に子育て中のご家族だと、お子さんのためにどんなお家がいいか、慎重に選ばれますから、奥さんの評価というのは重要だと思いますよ」

特に今の30代40代の子育て世代は、バブル以後の堅実な世相で生まれ育ってきたせいか、ぱっと見の派手さではなくデザイン性や機能性、コストパフォーマンスなどを基準に選択する。これは住居に限ったことではないが、安かろう悪かろうでは満足できない世代だ。

逆に言えば、安かろう悪かろうで満足している客層をターゲットにすれば、収入や素行などの面で当然リスクも大きくなる。

ある程度のグレードを保ち、ニーズを満たし、付加価値をつけて顧客満足度を高め、お客様が納得できる適正な価格で提供したい。飲食業界もアパレル業界も、長引いたデフレ経済のせいで二極化しつつある。一方で、お客様の目が肥えてきてもいるから、ファストフードチェーンの浮き沈みを見るように、安かろう悪かろうでもなかなかビジネスが成立しない時代でもある。

そんなことを話しているうちに、Aさんの営業車が駅前に着いた。待ち合わせした駅から一駅分、横浜寄りだが快速や急行が停まらないせいか、こちらの駅前は静かな雰囲気だった。

第Ⅳ章

いかに魅力的な物件を安く建てられるのか？

山口で戸建て賃貸の可能性を探ろう

「やっぱり、のどかでいいわねえ、瀬戸内は」

裕子ちゃんが背伸びしながら、気持ちよさそうに言った。

静かな待合所に、強い西日が差し込んでいる。伯母さんは疲れたのか、目をつぶりながらベンチに座り込んでいた。

我々三人は、山陽道の西端に近い山口県の周南市に来ている。新幹線の徳山駅を降り、改札口を出たところに待ち合わせていた伯母さんたちがいた。私は別件があったので彼らには同行せず、北九州の小倉から回ってきていた。待合所からは、初夏の夕暮れに染まった徳山港が見える。

「さすがに疲れましたか」

伯母さんたちは、東京から新幹線で来ている。私が伯母さんに声をかけると、裕子ちゃんがそれを手を振ってさえぎった。

「何言ってるのよ、伯母さん徹マン明けなんだから。私もつきあわされちゃって大変」

「徹マン？　徹夜麻雀のこと？」

裕子ちゃんが答えず、呆れたようにそっぽを向いた。目を開けた伯母さんは、眠そうにアクビをしている。

「新幹線の中で寝たからね、ぜーんぜん平気よ」

大伯父さんが生きていた頃、伯母さんは今、慎平ちゃんたちと住んでいるマンションが建つ前の場所で喫茶店をやっていたが、大井町で麻雀屋も開いていた。大井競馬場が近いので、ギャンブル好きが行き帰りに立ち寄るだろう、という目論見があたり、その麻雀屋はけっこうな繁盛店だった。若い女性の麻雀打ちが相手をする、というアイディアも伯母さんが考え、裕子ちゃんは大学生の頃、そこでバイトをしていたはずだ。

「ここからは近いのかい？」

「在来線で三つ目です」

Aさんから紹介されたS社の社員の方が、翌日の朝、徳山から三つ目の光駅に迎えに来てくれることになっていた。

横浜のEさんのところから帰った私が「カシータ」の説明をし、戸建て賃貸のコンセプトを山口の工務店が考えたと伝えると、伯母さんは即座に山口行きを命じた。てっきり私だけ行くのかと思っていたら、伯母さん本人と裕子ちゃんと同行することになったのだ。

事前にネットのホームページを見ていたが、山口県光市に本社を置くS社は、Aさんのところと同じような地元の工務店らしい。個人の注文住宅や「カーサ」シリーズなどの戸建てを受注したり、「カシータ」ブランドの戸建て賃貸を主なビジネスにしている。スタッフの半分は若い女性で、やはり女性視点のコンセプトを重視しているようだった。

山口県内には、S社が手がけた「カシータ」の戸建て賃貸事例が多い。世田谷のYさん、横浜のEさんの事例は、自己所有の土地を活用したものだ。カシータ・ネットワークの一員T工務店が手がけた。

だが、彼らの事例は、銀行から融資を受けるにしても上物だけ建てればいいので、実は我々が求めるようなサンプルにはなっていない。

Aさんによれば S社にはごく普通のサラリーマンが土地を新たに購入して上物の戸建て賃貸物件を建てた事例が数多くあるらしい。伯母さんの自己資金は500万円。それくらいだと手数料などでほとんどがなくなってしまうだろう。私は薄々、伯母さんが求めているような月々20万円というのはかなり難しいと思っていたが、まだそのことは口には出していない。

私にしても裕子ちゃんにしても、資金力という意味で言えば伯母さんと大差ない。

とにかく、この山口で土地を持っていなかったり自己資金に余裕がない場合でも、戸建て賃貸というチョイスが可能かどうか確かめたかった。

「さ、早くホテルにチェックインして瀬戸内の何か美味しいものでも食べに行こうよ。あんた、案内なさい」

閉口しながら、私はご一行様を予約していた駅前のビジネスホテルへ案内した。幸い、伯母さんは駄々をこねず、徳山の魚を出す居酒屋でちょっと酔っ払ったからか、大人しくホテルに帰った。伯母さんたちを送り届けた後、小倉の仕事がうまくいった私は徳山の夜の街へ一人で繰り出し、飲み直すことにした。

「カシータ」の本拠地を訪ねてみた

瀬戸内の周南地方は、翌日もよく晴れていた。

光市の在来線の駅、光は徳山から三つ目の小さな駅だ。別の支線が枝分かれするのか、途中の駅よりは少しだけ規模が大きい。瀬戸内海に面した有名な海水浴場が近いので、空がやけに明るかった。

「Ｆさんですか。お忙しいところ、すみません。今日はよろしくお願いします」

改札を出たロータリーに、目印の白いワゴンが来た。メガネをかけたＳ社のＦさんは、相撲取りのようにガタイのいい人だった。年齢は30代前半だろうか。

「あ、遠路はるばるご苦労様です。とりあえず、弊社まで行きましょう」

満面の笑顔のＦさんが、手を添えながらドアを開け、伯母さんたちを乗り込ませる。

「やっぱり、このあたりはキラキラして太陽に恵まれているような感じがしますね」

伯母さんが後部座席から身を乗り出した。それを聞いて、Ｆさんが大きくうなずく。

「住環境は抜群にいいですよ。海が近いですし、実はこのあたりがフグの本場なんです」

フグと言えば博多や下関だと思っていたが、周南地方の漁獲高が最も多いのは山口県人の間では常識らしい。そういえば、徳山駅に巨大なフグのモニュメントが置いてあった。

「でも、昨日はフグ、いただかなかったわね。あんた、ちゃんと情報を仕入れときなさいよ」

伯母さんが私の脇腹を肘でつつく。裕子ちゃんが便乗しようとしたとき、間髪を入れずFさんが口を挟んだ。

「あ、昨日は徳山ですか？　フグ以外にも今の時期はいろいろ美味しいですよ。赤エビは食べられました？」

空気を読んだFさんが、助け船を出してくれる。なかなか如才のない人だ。これなら営業マンとしても優秀だろう。

「赤エビ、ああ、あれは美味しかったわね」

S社までの間、Fさんとひとしきり地元の名物について盛り上がる。伯母さんの機嫌が良くなって、私はホッと胸をなで下ろした。

周南市や周南地方と言っても、周辺の人以外にはあまりなじみのない地名かもしれない。

私には、新幹線の駅名に残っている徳山のほうがしっくりくる。新山口も小郡と言われたほうがイメージしやすい。

2003年4月に、当時の徳山市や新南陽市、熊毛町、鹿野町が合併して生まれた周南市は、今、我々がいる光市や大型商業施設が進出して活気づく下松市とともに周南広域都市圏を形成している。この圏内には、瀬戸内海の周防灘沿岸の工場群が立地し、大規模なコンビナートを形成していた。

周南市には出光興産が、光市には新日鐵住金や武田薬品工業の工場が、そして下松市には日立製作所の工場や中国電力の発電所がある。また、前述したように、下松市にはザ・モール周南というショッピングモールを中心にして大規模店の進出が相次いでいた。

「コンビナートの工場群にお勤めの子育て世代が、うちの主なお客様なんです。周南地方全体としては、下松市の活況に引っ張られ、人口増は横ばいですが、景気は悪くないエリアですね」

海を隔てた愛媛県出身だというFさんの説明を聞いているうちに、我々を乗せた車はS社に着いた。国道2号線沿いに建つステンレス外装のシンプルな感じの5階建てビルだ。

エレベーターで4階に上がる。そのフロアがS社だった。右の突き当たりに女性デザイナーのいるデザイン部門があるという。Fさんは左手のガラスドアを開けて我々を中へ入れてくれた。

Uさんが語る戸建て賃貸への動機

「お待ちしておりました。Aさんからお話は聞いてます」

社長のUさんが出てきて挨拶する。40代になっているだろうか、というほど若い。Fさんより少し年上だろうか。「カシータ」の商品開発をした、ということで、もっと年配の方かと思っていた。

Uさんと Fさん、そして我々は、オープン会議スペースの広いデスクに座った。東京と横浜で、「カシータ」の戸建て賃貸物件を拝見させてもらったこと、我々も戸建て賃貸で不動産投資を考えていることなどを伝えるとUさんが穏やかに笑う。

「そうですか、ありがたいことにカシータ・ネットワークも少しずつ全国に加盟する工務店さんが増えています。Aさんのところは、世田谷のYさんの物件が最初だったんじゃないかな」

そんなやりとりを聞いていた伯母さんが早速、本題に入る。このあたりの呼吸はさすがだ。

「そもそもUさんは、どうして戸建て賃貸の商品開発をしようと思われたんですか?」

「うれしいですね、それは私が最も強く言わせていただきたいことの一つなんです」

Uさんは、自分と同じ世代か少し下の世代、つまり20代後半から30代40代の世代が持つ、将来への不安感について語り始めた。これは私がいろいろと見聞きしたり調べたりしたこととほとんど同じだ。

この国の政治や行政は、人口マジョリティであり資産を持つ高齢者層の利益配慮にあまりにも偏り過ぎている。そのしわ寄せが、Uさんやその下の世代へ押しつけられ、彼らにとって人生設計はあまりにも不確かだ。

「そうした世代が、いかに安定した資産を築き、将来に不安を抱かなくてもすむようになるか、それが私の発想の原点でした」

親から受け継いだ土地や資産がなくても、また年収が低い非正規社員でも、さらにまだ信用が低い若い世代でも、ローリスクで長期に少しずつ資産形成することができる投資商品が戸建て賃貸という回答だった。また、自分が長年、住宅建築に携わってきたことで、Uさんは若い世代の価値観が大きく変化している実感もつかんでいた、と言う。

「そもそも35年ローンという超長期の借金をして家を建てる、という考え方が彼らには希薄なんです。育ってきた時代のせいか、基本にあるのは、重い荷物を背負いたくない、必要に応じて融通無碍に所有とリースを使い分ければいい、という発想です。借金をして家を建てるということは、将来に不安を抱く彼らにとって大きなギャンブルになってしまいました」

Uさんは、不動産業界はまだまだ古い体質が残り、高度成長期の建て売り住宅バブルの夢を追いかけている、と言う。リスクを取りたくない業界やオーナーの利益に目を向けるあまり、本当に必要な商品が市場にない、と強い口調で断言した。

「いろんな意識調査の結果を眺めていると、戸建てニーズはまだありますが、それは必ずしも所有すること、自宅を建てることを意味しないように見えます。これは先ほどの価値観の変化と関係していることですが、戸建てには住みたいけれど30年以上の借金をしてまで欲しくはない、というわけです。となれば、賃貸の戸建てを探すことになりますが、彼らがいくら探してもその需要をまかなうほどの戸建て賃貸の供給はない。あったとしても築40年といった中古住宅になってしまいます。いくらリフォームしても、バブル以後の時代に生まれ育った彼らがそれに満足するはずはありません」

建設業界、住宅業界は、こうしたニーズの変化に鈍感だ。大手は利益が薄い戸建てには参入してこないし、中小の工務店には優れた商品を開発できるだけの体力はない。オーナーもリスク回避のためにアパートやマンションといった集合住宅を建てたがり、市場はすでに飽和状態になっている。

「ようするに、若い世代、子育て世代が求めている商品が、市場にはほとんどない状態です。それなら私が戸建て賃貸を商品開発してやろうじゃないか、ということになった。それが最初の動機です」

どうして大手が戸建て賃貸に参入しないの？

伯母さんと裕子ちゃんが、熱心にメモを取りながらUさんの話を聞いている。私のほうは、事前に調べた内容と大差ないことで少し安心していた。若い子育て世代の不安感と意識の変化、そして戸建て賃貸の需給バランスだ。

ニーズが増えているのに売るだけの商品がない。それを指をくわえて見ているのは愚かだ、という結論になる。まったく異論はない。だが……。

「ちょっと疑問があるんですが、いいですか？」

私はずっと抱いていた質問を、Uさんにぶつけてみることにした。Uさんは相変わらず、うちに秘めた戸建て賃貸に対する情熱を穏やかな表情で包み込み、窓から差し込む瀬戸内の明るい陽光を背に椅子に座っている。

「本当にそれだけのニーズがあるのなら、いったいどうして業界が放っておくんですか？戸建て賃貸のビジネスに旨みがあるのなら、大手が参入してもいいいんじゃないでしょうか」

「先ほども言った通り、大手さんが手間暇とコストをかけて利益を上げられるほど大きな市場ではないんでしょう。日本の賃貸住宅の市場規模は、全体で約13兆円と言われています。その中で40歳以上の子育て世代など、ファミリー向け市場が約9兆円。ファミリー向け市場のほとんどは、アパートやマンションです。大手が今から戸建て賃貸を建てて市場参入するだけの利益を期待できないんだと思います。集合住宅のほうが、スケールメリットが大きいですからね。また、少子化の影響もあって、ここ15年で賃貸市場は9兆円に落ち込むと予想されています。ファミリー向け市場も同じような傾向がある。つまり、大手が参入しないニッチな市場が戸建て賃貸であり、供給が少ない今だからこそ、縮小傾向の賃貸住宅市場の中でも大きな可能性がある、というわけで、個人オーナーや資金力のないオーナーが参入しやすい環境にある、とも言えるんです」

Uさんは、説得力のある口調で説明を続けた。すると伯母さんが、納得したようにうなずいた。

「私の知り合いに大手の住宅デベロッパーに勤めている人がいますが、戸建て賃貸を手がける場合、かなり広い土地をまとめ、街路や緑化など、一帯を高級感のあるような付加価値を付けて家賃を高く設定して売り出すって言ってました。賃貸マンションなど同じような間取りの周辺の集合住宅と競合するわけですが、それと同程度の家賃では大規模な開発はできないんですね」

その大手の人間というのは、慎平ちゃんの友だちの健吾さんだろう。伯母さんもいろいろと情報を仕入れているらしい。

「大手さんは、流通経費や人件費、広告宣伝費など、開発自体にかかる経費以外にコストがかかっています。小回りがきかない、という部分もあるんでしょう。だから、付加価値をつけて高い家賃にしないと割が合わない。そうした広い土地を提供できるオーナーさんも限られてきますからね」

「でも、『カシータ』は25坪から建てられる、というのが特徴なんでしょう? 1棟だけだと、それこそ経費割れしませんか」

「もちろん、1棟というのは我々もご提案はあまりしません。ご自宅用に、ということで『カシータ』仕様で安く一戸建てを建てる、というお客様も中にはいましたが、基本的には2棟からです。ただ、そのうちの1棟はご自宅としてご家族が住み、もう1棟を賃貸で貸す、というケースも少なくありません。1棟の家賃収入で余裕が出てきて、隣地が売りに出た段階でもう1棟、また1棟と少しずつ建て増ししていくオーナーさんもいますよ。お客様をお一人お呼びしていますし、後ほどFが皆さんを現地の見学にお連れしますが、その際、それぞれのケースについてご説明させていただきます」

戸建て賃貸がローリスクって本当？

「なるほど、我々のような個人投資家にも適しているのが戸建て賃貸、というわけなんですね。やっぱり、リスクは低いにこしたことはないし、それでもリターンもしっかり受け取りたい、とワガママなのもオーナーなんですが、リスクはどの程度、覚悟しておいたほうがいいんでしょうか」

そう聞くと、UさんはFさんをうながした。

「Fくん、リスクはどうかな、戸建て賃貸の」

「うーん、正直、自分が担当したオーナーさんの場合、ほとんど空室はありませんでした。入居待ちの状態の物件もいくつかありますし、このあたりは大企業が多いので法人の長期借り受けもあって、もちろん、うちに限っての場合ですが、リスクはかなり低いと思います。また、先ほど社長がご紹介した2棟のうち、ご自身で1棟に入ったというケースですが、ご自身も賃貸物件として入居されています」

「え、それはどうしてですか？」

「賃貸の場合、お勤めの会社から家賃補助が出るんですよ。自宅を建てたことになると、それがなくなってしまう。だから、自分で建てた物件にオーナーさんが店子として入居することもあります」

裕子ちゃんが感心したような声を出した。それまで、我々の話をじっと聞いていたが、家賃補助という言葉に反応したのだろう。

「へえ、東京じゃあり得ませんよ、家賃補助なんて。やっぱり、地方特有の制度なんでしょうか」

「このあたりの福利厚生がしっかりしている会社の場合、家賃補助のないところはないんじゃないでしょうか。中には、無制限で家賃を全額補助する、なんて気前のいい会社もあります。もちろん、青天井と言ってもこのあたりの賃貸では上限は限られてしまいますが」

家賃補助がかなり期待できるなら、わざわざローンを組んで自宅を建てる人はますます少なくなるだろう。首都圏などの家賃が高いエリアにいると実感がわかないが、地方の企業は賃金を抑制する代わりに家賃補助など、福利厚生費を充実させるケースが多いようだ。賃金は一度上げてしまうとなかなか下げられないが、福利厚生費は業績によって柔軟に対応できる。

「不動産投資では、空室リスクを最も心配されるオーナーさんが多いんですが、これもアパートやマンションが増える原因になっています。戸建て賃貸の場合、仮に2棟建てて1棟しか入居者様が決まらなかったら空室率は50%になってしまう。集合賃貸住宅では戸数が多いので、空室率を抑えることができるからです。しかし……」

Uさんが、Fさんから話を引き取った。

すでにアパートやマンションは供給過多になっているので、どうしても空室率を高めに設定し、競合があるので家賃も抑制せざるを得ない、と言う。逆に考えると、需要が多いが供給の少ない戸建て賃貸の空室リスクは低い、というわけだ。

「また先ほどFが言ったように、法人さんも従業員ニーズに応えるために戸建てを借り上げることが多いんです。戸建て賃貸では、子育て世代、ファミリー世帯が入居者様なので入居年数も長くなる傾向があります。平均で入居9年という数字もありますが、それだけ募集間隔を長くできますし、空室リスクも自ずから低くなる。法人借り上げではなおさらです」

10年、20年でも陳腐化せず、家賃が下がるリスクも低いのが戸建て賃貸、とUさんが付け加えた。今の不動産環境では、大手が大挙して参入し、急激に戸建て賃貸が増えることは考えにくい。安定して長くリターンを期待できるのも特徴だ。

長期優良住宅というアドバンテージ

さらにUさんは、集合賃貸住宅に比べれば、圧倒的に戸建て賃貸のほうが管理やメンテナンスが楽、と言う。共有スペースが少ないし、修繕費用も集合賃貸住宅よりかからない。

「『カシータ』は、長期優良住宅として商品開発しました。ご存じかと思いますが、長期優良住宅に認定されると様々な税制の優遇が受けられます」

戸建て賃貸業者は多いが、長期優良住宅の認定を受けているものは少ない。

長期優良住宅には、大きく九つの認定基準がある。国交省によると以下の通りだ。

❶劣化対策 「数世代」にわたり、構造躯体が使用できるような劣化対策を有すること。

❷耐震性を持つこと 極めて稀に発生する地震に対し、継続利用のための改修の容易化をはかるため、損傷のレベルの低減をはかること。

❸維持管理・更新が容易であること 構造躯体に比べて耐用年数が短い内装・設備について、維持管理（清掃・点検・補修）・更新を容易に行うために必要な措置が講じられて

いること。
❹**可変性**　居住者のライフスタイルの変化等に応じて間取りの変更が可能な措置が講じられていること。
❺**バリアフリー性能を有すること**　将来のバリアフリー改修に対応できるよう共用廊下等に必要なスペースが確保されていること。
❻**省エネルギー性**　必要な断熱性能等の省エネルギー性能が確保されていること。
❼**必要な住戸面積を有すること**　優良な住戸水準を確保するために必要な基準規模を有すること。
❽**居住環境**　良好な景観の成形その他の地域における住居環境の維持及び向上に配慮されたものであること。
❾**維持保全計画**　建築時から将来を見据えて、定期的な点検・補修等に関する計画が策定されていること。

Uさんは注文住宅などを建ててきたが、日本の戸建て住宅の寿命の短さに常々、疑問を抱いてきたそうだ。よく「スクラップアンドビルド」などと言うが、台風や地震などの自然災害が多く、高温多湿の環境では、今の日本の住宅は建ててから数十年も経てば建て替えなければならない。

だが、それは技術や部材などが未発達だった時代の話だ。住宅の寿命を延ばすことができれば、欧米のように長く資産価値を保つことができるし、廃材が環境に負荷をかけるようなことはなくなるだろう。

「世代を超えて一軒の家屋を受け継いでいったり、欧米のように古くても価値のある家屋が時代を超えて残っていったり、壊さなくてもすむ家を建てることが、私のような工務店の人間にとって義務でもあり理想でもあると思っています。これは、注文住宅でも戸建て賃貸でも同じですよ。日本はまだまだ住宅の寿命が短い。しかし、2020年にはより厳しい省エネ基準を満たさないと認可されないようになりそうです。持続可能なサスティナビリティ社会に向けて、政府行政がそう主導していますから、入居者様が求めるクォリティもそれに応じて上がっていくことが予想されます」

長期優良住宅には、入居者にとって様々なメリットがある、とUさんは強く言った。入居者のメリットを考えていることこそが、「カシータ」の最大の特徴なのだそうだ。

「不動産投資を考えるオーナーさん、工務店や不動産などの業者の側は、とかく自分たちの利益ばかりを中心にして物件の仕様を考えます。しかし、少子化が進み、市場が縮小していく中、供給側の都合だけを押しつけても決してうまくいきません。これからは特に入居者様がいったい何を求めているか、その声に耳を傾けて物件を用意しなければならないと思っています。貸しっぱなし、売りっぱなしでは、もう時代についていけないんです。たとえば、長期優良住宅は省エネ性が高いので電気代が安くすみます。入居者様はそうしたところを実にシビアに検討しているものです」

また、断熱性に限らず、機密性や静粛性に優れた長期優良住宅は、結露なども発生しにくく、周辺環境の騒音が中に入ってこず、中の音も外へ漏れにくい。入居者が戸建て賃貸を選ぶ理由には、集合賃貸住宅では得られないプライバシー空間を求めていることが大きい。確かに、このあたりは強い訴求力となりそうだ。

「2011年の東日本大震災で、日本人の防災意識は大きく変化したと言われています。特に住宅の耐震性は、不動産を用意する側にしても入居者様にしても重要な選択基準になっています。地震の揺れに対して強く、損傷しても改修が容易な長期優良住宅は、その点でも安心感がある。もちろん、可変性が高く、メンテナンスやリフォームがしやすいのでオーナーさんにとってもメリットは多い。それが長期優良住宅なんです」

資金の多くを借り入れたWさんの事例

「先ほど、少なくとも2棟から、というようなお話があったかと思うんですが、初期投資はいったいどれくらいを考えておけばいいんでしょうか」

裕子ちゃんがおずおずと質問した。長期優良住宅がそんなに優秀なら、建築費も高くなるのでは、というのが当然の疑問だ。

「自己所有の土地があれば、1棟1000万円で長期優良住宅を建てることが可能で、25坪から建てることができます。月々の家賃10万円で貸す場合、表面利回りは12%になります。コストを含んだ実質利回りでは、9%から10%といったところでしょう」

Fさんの言葉を聞いて、伯母さんと裕子ちゃんが不安そうな表情を浮かべた。やはり、自己資金が少なく、土地を持っていないとなかなか難しいのか。

「こんにちは」

そのとき、S社のガラス戸を開け、よく日に焼けた顔の男性が入って来るのが見えた。受付の女性が応対している。

UさんとFさんが「ちょっとすみません」と言いおいて席を立った。さっき、Uさんが「お客様をお呼びしている」と言っていた方だろうか。

「この方はうちのお客様で、二年前、ちょっと離れたエリアに戸建て賃貸を7棟、建てられたオーナーさんです」

Uさんたちは、すぐにその男性を伴って戻ってきた。Wさんという40代後半の男性だ。Fさんがwさんについて、近くの学校で先生をされている方です、と紹介した。

顔がよく日に焼けているので農業か漁業をやられているのかと想像したが、マリンスポーツが趣味だからだそうだ。

「Wさんのところは、奥さんとWさんのご両親の四人暮らしでお子さんはいません。ご夫婦共稼ぎです。私の遊び友だちなんですが、株をやられていたり投資先を探しているようだったので戸建て投資のご提案をさせていただいたんです。今日はお昼休みにちょっと抜けていただき、みなさんの参考になれば、ということでお呼びしました」

Fさんが説明すると、それはそれは、と伯母さんが深々と頭を下げる。申し訳ない話で私も恐縮した。

Wさんに持ちかけたのは、光市から十数キロ離れた周南地方にある1000平方メートルの土地だった。土地がちょうど胃袋のような形をしていて少し悪く、分譲住宅地としては不向き。しかし、こうした土地こそが戸建て賃貸にふさわしいのだそうだ。

何しろ25坪で1棟を建てることができるので、建てる向きや駐車場の位置次第で、どんな形の土地でも比較的自由にレイアウトできる。Wさんに提案した土地も、立地はいいが分譲地として売るのには難しいという物件だった。

「銀行に事業融資の申し込みを出したところ、7700万円の融資を受けることができました。それに自己資金800万円を合わせて8500万円を土地代と上物代にあて、7棟の戸建て賃貸を建てたんです」

一般的には地形が悪いが「カシータ」には地価が安く好条件

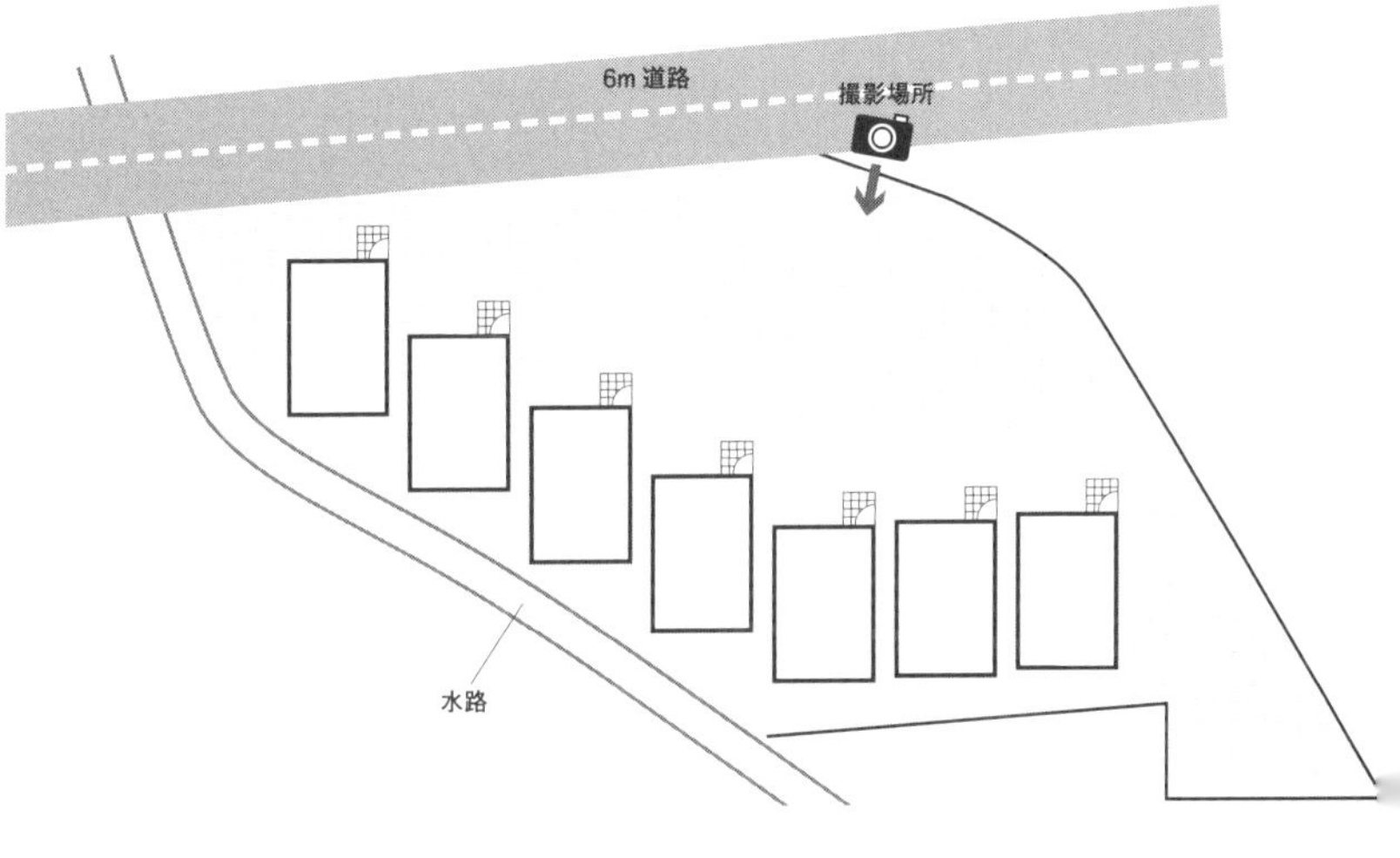

貸し出して入居者を募集したら立地がよかったからか、すぐに全棟が埋まったそうだ。7棟のうち5棟は法人借り上げ、2棟が個人の入居者。月々の家賃は8万5000円で表面利回りは8・4%になる。金利と元本の返済にどれくらいをあてるかによるが、仮に5%を返済するとすれば、表面利回りでの計算では年に3・4%、27万円ちょっと、月々2万3000円近くが手元に残ることになる。

公務員という信用度は、事業融資を受けるためには重要だったに違いない。

だが、Wさんは、ご両親と住む二世帯住宅のローンがまだ残っているのにもかかわらず、8500万円の事業融資を受け、7棟の戸建て賃貸のオーナーになった。さらに、何かいい土地があったら戸建て賃貸をさらに増やしたい、と言っている。実に投資というのは思い切りだ。

「オーナーという実感は正直あまりないんです。ほとんどS社さんやFさん、不動産屋さんにまかせっきりで、何もしないで毎月、家賃が入ってくるんですから。もちろん、入居者様がいるからこそのことなんですが」

伯母さんが希望する月々20万円というのはかなり難しいが、Wさんの話を聞いていて私はかなり大きな可能性を感じた。

もちろん、上物の価格はある程度決まっているのだから、土地の値段が安いことが前提だ。さらに、空室率を回避する入居者確保と利回りを確保できる家賃設定が必須になるが、エリアによっては戸建て賃貸でローリターンだがローリスクの不動産投資が期待できる。

そのためには不動産業界との協力がなければダメだろう。Wさんの場合、Fさんという友人からの情報があったからこそ、戸建て賃貸にふさわしい立地の土地を得ることができた。

ただ、これは不動産業界のいわゆる「インサイダー」な情報提供とは少し意味合いが違う。

なぜなら、Wさんが戸建て賃貸を建てた地形は、分譲などではなかなか買い手がない物件であり、この情報は一般的に共有されていた。それを戸建て賃貸として活用する投資家がいなかっただけだ。

「今の時代、大都市圏の一極集中です。若い人は都会へ出て行ってしまうことが多い。しかし、本当はご両親と同居したり地元で暮らしたい、という気持ちも強いんだと思います。

昔なじみの土地に戻りたいという人が、ご自身とご家族は東京などに暮らしつつ、地元の土地を活用し、戸建て賃貸を建てる、というケースも増えてきました」

首都圏などでは、やはり世田谷のYさんや横浜のEさんのように自己所有の土地がないと不動産投資は不可能に近いだろう。だが、Uさんが言うように、地価の安いエリアなら話は別だ。戸建て賃貸を建てる土地代が２００万円以内なら上物と併せて１２００万円となる。利回り10％を確保しようとすれば、家賃は10万円の設定が必要だ。

土地代は建坪25坪で２００万円以内、坪単価８万円のエリアで、家賃を月に10万円にできる環境。この条件に当てはめて土地を探せばいい、ということになる。

１坪８万円だと首都圏は無理だが、ちょっと地方へ行けば珍しくはない。ただ、そこで10万円の家賃設定が可能かどうかが問題だろう。

戸建て賃貸ニーズはやっぱり高い！

「家賃設定というのは、ある程度ピンポイントで決まることが多いんです。周辺の同じ条件の物件ともしも一戸建てをご自身で建てる場合の返済ローン額によって、このエリアでこの環境なら家賃はどれくらい、という相場観はある。それができない不動産業者は、ちょっと避けたほうがいいのかもしれません」

昼休み中に学校に帰らなければならないWさんが少しあわてながら立ち去った後、我々はFさんのワゴンに乗せてもらい、周南地方の物件を見学に行くことにした。伯母さんが少し興奮気味に話し出す。

「ご自身のローンが残ってるのに、7700万円も借金するなんてギャンブラーよね。惚れちゃうわ」

「奥さんも積極的だそうよ。でもWさん、サイフのヒモはがっちり奥さんに握られてるんだって」

裕子ちゃんがおかしそうに笑って伯母さんの膝を叩く。その様子をミラーで確認しながら、Fさんがおもむろに言った。

「実は私もオーナーなんですよ」

「えーっ、そうなんですか」

我々は驚いて聞き返した。Fさんは、S社に近い国道2号線沿いに3棟の戸建て賃貸を持っている、と言う。それも全額を事業融資で運用しているらしい。

「うちのお客様の7割は、土地も建物も事業融資でやられています。弊社の社員は何人か、私と同じように戸建て賃貸のオーナーになっているんですが、その一人は物件がだんだん増えて今では、光市に5棟、山口市に7棟、持ってます。私みたいな普通のサラリーマンでも、戸建て賃貸なら不動産投資ができるんですよ。……着きました」

ワゴン車は、光市から国道2号線を西へ向かい、下松市を通過して周南市へ入っていた。住宅街の中にすでになじみ深い「カシータ」の戸建て賃貸が2棟ある。

「こちらのオーナーさんは、周辺にアパートや駐車場を持っているんですが、入居者様同士のいざこざや騒音問題に悩まれまして、戸建て賃貸を建ててみようと試験的に導入されたようです。このあたりは学校が近いので、特に子育て世代に人気のエリアです」

すぐ隣に賃貸駐車場があるからか、この戸建て賃貸自体に駐車場は付帯していないようだった。Fさんによると、駐車場2台は必ずしも必要なわけではないらしい。

「でも、山口県は1世帯あたりのガソリン消費量が日本一なんですよ。自動車の購入費が全国で4位なので、このへんではやはり駐車場は必須でしょう」

山口県の県民性はそのほかに、見栄っ張りでプライドが高く目立ちたがり、ということだそうだ。逆に言えば、それをくすぐれば機嫌がよくなる、ということらしい。

次に向かったのは、周南市の市街地から少し離れた高台の住宅街だ。ここも戸建てにアパートが混在している。

車から降りてショルダーバッグの中を探していたFさんが、おもむろに一枚の資料を出した。戸建てに対する需要と戸建て住宅の供給のアンバランスぶりを紹介した円グラフだ。これを見れば一目瞭然だろうとばかり、Fさんが説明する。

「このエリアは周南市でも新しい開発造成地です。オーナーさんは、土地の活用で相談に来られ、戸建て賃貸を建てられました。周南地方は大企業が多いせいか、企業が社宅として借り上げる割合が半分ほどもあります。しかし、Uも言っていましたが、戸建てとアパートの比率は6対94くらいで需給バランスにひどい偏りがあるんです。企業としては、

図9　戸建て賃貸住宅の価値観について

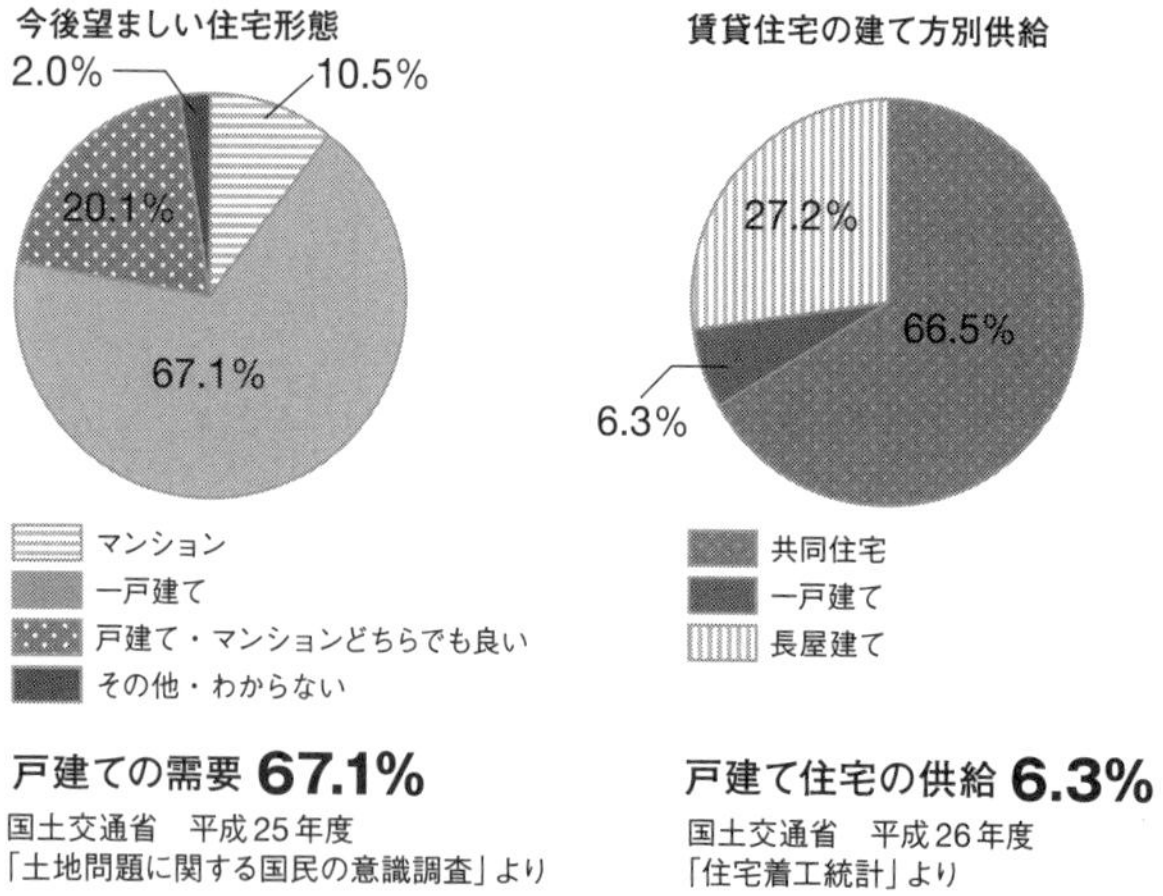

戸建て賃貸を借り上げて社員に住まわせたほうが喜ばれますからね。戸建て賃貸を建てるとすぐに埋まるのもそのせいです」

Fさんによれば、周南市のアパートの空室率は20％を超えるらしい。ほとんどすぐに入居者で埋まる戸建て賃貸のアドバンテージは大きいようだ。

サラリーマンでも戸建て賃貸のオーナーに

最後に見せてもらったのは珍しい物件だった。駅に近い市街地に、一戸だけ「カシータ」が建っている。

「こちらは、どうしても個人住宅用に『カシータ』を建てたい、とおっしゃった方です。ご自身がご家族と住まわれています。『カシータ』は、『カーサ・キューブ』がベースになっているので、戸建て賃貸といえどもクォリティは落とさず、コストパフォーマンスのいい住宅をというコンセプトになっています。上物だけ、オプションなどをこだわらなければ、1棟900万円で建てることができるんです」

坪単価40万円の上物で25坪なら1000万円だ。「カシータ」のクォリティで900万円で建てることができれば十分だろう。それと同時に、S社のサラリーマンである30代のFさんでも銀行から事業融資を受けて戸建て賃貸のオーナーになっている、という話は私にとって少なからず驚きだった。もちろんある程度の自己資金は必要だが、それを投資する気持ちや意欲があれば、銀行は若いサラリーマンでも歩み寄ってくれると言う。

「山口県ではありませんが、九州在住のサラリーマンの方は、自己資金300万円から事業融資を受け、最初は2棟から始められて軌道に乗り、今では4棟に増やしていらっしゃるケースもあります。この方の場合、諸経費を合わせて土地と建物で2400万円の物件を建てました。つまり銀行からは差し引き2100万円の融資を受けたわけです。確か、25年払いの元利均等返済で金利は3％だったと記憶しています」

この人はオーナーを始めた当時、39歳で三人のお子さんのあるサラリーマンだったそうだ。もちろん今でも会社勤めをしつつ、戸建て賃貸オーナーとして安定した収入を得ている。幸い、空室率はほとんどないそうだ。

2棟で家賃はそれぞれ9万円。ローンの支払額は月々約10万円で、空室がないので1棟分がまるまる利益になる計算だ。

「戸建て賃貸のメリットはいろいろありますが、入居者が長く住んでくださる、というのも大きいんです。法人借り上げの場合もそうですが、個人でも長く住む。この方の物件でも、ずっと同じ方が入居されているようです」

運転しながらFさんが説明する。

最初は2棟から始め、2年後に2棟を建て増しし、半分をローン返済に半分を利益にしているそうだ。サラリーマンとしての月給のほかに、毎月18万円が入ってくる。

「その方は、4年から6年経ったら最初に建てた2棟を売却するようなこともおっしゃってましたね。すでに入居者が入っている賃貸物件は、高く売却できるんです。やはり不動産投資の最大のリスクは空室率なので、そのリスクがない分、価格に反映すると考えてもいいでしょう」

戸建て賃貸でもグレードを落としてはダメよ

我々はU社長に挨拶するために、一度、S社に戻った。Uさんは、ちょうど新しいオーナーさんとの商談を終えたところだった。

「いかがでしたか」

Uさんは、少しイタズラっぽく笑った。伯母さんが、感心したように腕組みする。

「ああいう今風のデザインでも、街中にあって違和感がないんですね。失礼ですが、周南市にはいろんな住宅が混在してますでしょ。『カシータ』というのは、目立つけれど調和を崩さない。こうして実際に物件を見せていただくと、秀逸な外観の住宅だということがよくわかりました」

「ありがとうございます。そう言っていただけると励みになります。実際、住宅のデザイン性には特にこだわったんですよ」

住宅には、デザインをさまたげる付帯設備がつきものだ。それをどうアレンジし、さりげなく目立たなくさせるのかがデザイナーの腕でもある。

「たとえば、換気扇とかエアダクト、エアコンの配管などですが、カシータでは必要だけどこうした見せたくない設備は、家と家の間や裏手に配置し、家の顔である正面や壁面、外から見える面を極力、シンプルなデザインにして余計なものを配置しないようにしています」

さらにUさんは、窓についてもこだわった。「カシータ」を眺めるとわかるが、窓は縦長のスリット状になっていて壁面が広い。スリット状の窓は最近の住宅ではよく見るが、

「カシータ」では思い切って窓の面積を少なくした、と言う。

「これまでの日本家屋では、窓は多ければ多いほど、開口部が広ければ広いほど、明るくて風通しもいい、という考え方が支配的でした。私はそれがずっと疑問だったんです。実際の生活で窓を開けっ放しにしたりすることはあまりないし、壁面が広ければ閉塞感を感じることも少ないので、窓は必要最小限でいいのではないか、と考えたんです」

壁面に窓の開口部が多く、吸気口やエアダクトなどがあると、雨など水の通り道に汚れができてしまう。それが家屋の外観をとても損なう、とUさんは言う。縦長のスリット状にした窓を効果的に配置し、換気扇やエアダクトなどを隠すことで、こうした劣化も目立たなくすることができるそうだ。

「効果的で効率的な窓は、プライバシーを確保することにもなります。戸建て賃貸の場合、狭い土地にぎっちり建てがちですが、窓を開けるとすぐお隣、というケースも多い。しかし、縦長のスリット状の窓にすれば、それぞれの窓が向き合うことも少なくなります。そもそも、戸建て賃貸だからといって、建築基準法はぎりぎりクリアできればいい、というものでもありません。限られた土地に複数棟を建てることが前提にはなっていますが、

『カシータ』はそれでも十分な日当たりを確保でき、プライバシーもお隣と干渉し合わないような設計になっているんです」

「戸建て賃貸でもグレードは落とさない。むしろ、注文住宅レベルのクォリティにしたい。そして、そこに賃貸で入居者が喜んで住むようになって欲しい。それがUさんの発想だ。

その特徴は前述したように、常に入居者目線だということだ。オーナーのわがままなリクエストや工務店の独善的な指向に引っ張られない。小売業や飲食業では当たり前のことだが、建築業界や不動産業界では珍しいのだろう。

三位一体の協力関係が大事なの

「ところで、Fさんもその若さで戸建て賃貸3棟のオーナーさんなんでしょ？　その資金は、Wさんみたいに事業融資として銀行から借りたんですか？」

すっかり打ち解けた口調の裕子ちゃんがFさんに聞いた。我々は、光市からFさん運転のワゴンで新岩国駅へ向かっていた。Ｆさんがそちら方面に用事がある、ということで申し訳なかったが便乗させてもらうことにした。ワゴンは山陽自動車道を東へ向かう。

「もちろん、融資してもらいました。弊社は地元の銀行さんとおつきあいがあるので、Ｗさんの事業計画書も私が作成し、融資してもらったんです。やっぱり、公務員さんは信用力があるんですね。Ｗさんの場合、一週間くらいで融資が下りましたよ」

公務員のだからといって審査が早いほど銀行は甘くはないだろう。事業計画書の内容や見積もりがしっかりして信憑性がなければ、銀行は金を貸さない。Ｗさんが７棟建てた戸建て賃貸の収益性や現実性などは、銀行内でシビアに吟味されたはずだ。

「その土地土地の工務店は、弊社のようにおつきあいのある金融機関があります。戸建て賃貸のオーナーさんには、こうした事業融資のお手伝いも含めてご提案させていただいているんです。慣れている方でなければ、なかなか不動産投資は難しいですから」

ハンドルを握りながらＦさんが言う。すでに、初夏の太陽が西へかなり傾いていた。夕日を背にしてワゴンは山陽道を走る。

「そういえば、Ａさんのところもファイナンスの相談をしてるんでしょ。個人オーナーは、そうした仲間がいないと不安よね」

「入居者を募集したり家賃を値付けしてくれる不動産屋さんも重要よね。戸建て賃貸の相場観がないと、家賃設定で失敗しそうだわ。入居者のニーズにも空室率にも、そして利回りに大きく関係してくるから、家賃の値付けがちゃんとできる不動産屋さんに頼まないと難しいんじゃないかな」

伯母さんと裕子ちゃんが話し合う。自己資金500万円で月20万円は不可能ということを伯母さんにいつ言おうか、私はそのことばかりさっきから考えていた。

「ねえ、あんた、何か言いなさいよ」

「あ、はい、三位一体ってわけですね。カシータ・ネットワークの工務店、事業融資をしてくれる金融機関、そして不動産業者。信頼できる仲間がいないと、なかなか思い切って不動産投資はできませんよ」

「そこで全国の工務店さんとネットワークを作り展開しようとしているんです。戸建て賃貸を建てることのできる手頃な値段の土地があり、利回りを期待できるだけの家賃設定が可能なエリアというのは、探そうとしても素人では難しいでしょう。また、都合よくご自身の地元にそうした土地がある確率も低い。東京の方が地方で戸建て賃貸を建てて不動産投資をしてもいいんです。そのネットワークを構築することができれば、個人投資家を全国規模で結んで、家は建てたくないけれど戸建てには住みたい入居者様のニーズに応える商品を提供できる。Uはそうしたことを実現しようとしているんです」

周南地方はいわゆる「都市雇用圏」だ。

この都市雇用圏という概念は大学時代の友人Kが教えてくれた言葉で、東京大学公共政策大学院の金本良嗣先生らが提唱している雇用を基準とした都市圏の定義だ。

都市雇用圏は全国に約230圏域ほどもある。東京、大阪、名古屋、京都、福岡はもちろん都市雇用圏だが、小さいものでは圏域人口15万人ほどの山形県酒田都市圏や圏域人口11万5000人ほどの兵庫県福知山都市圏などがある。これらの中で人口増が続き、将来もそれが見込めるような都市雇用圏があれば、戸建て賃貸のニーズを十分に見込めそうだ。

そこに自分の故郷だったり父母の実家があったりすれば、その地元の工務店に「カシータ」のフランチャイズがないか探してみてもいいだろう。私の妻の実家は都市雇用圏の一

図 10　都市雇用圏に基づいた経済圏

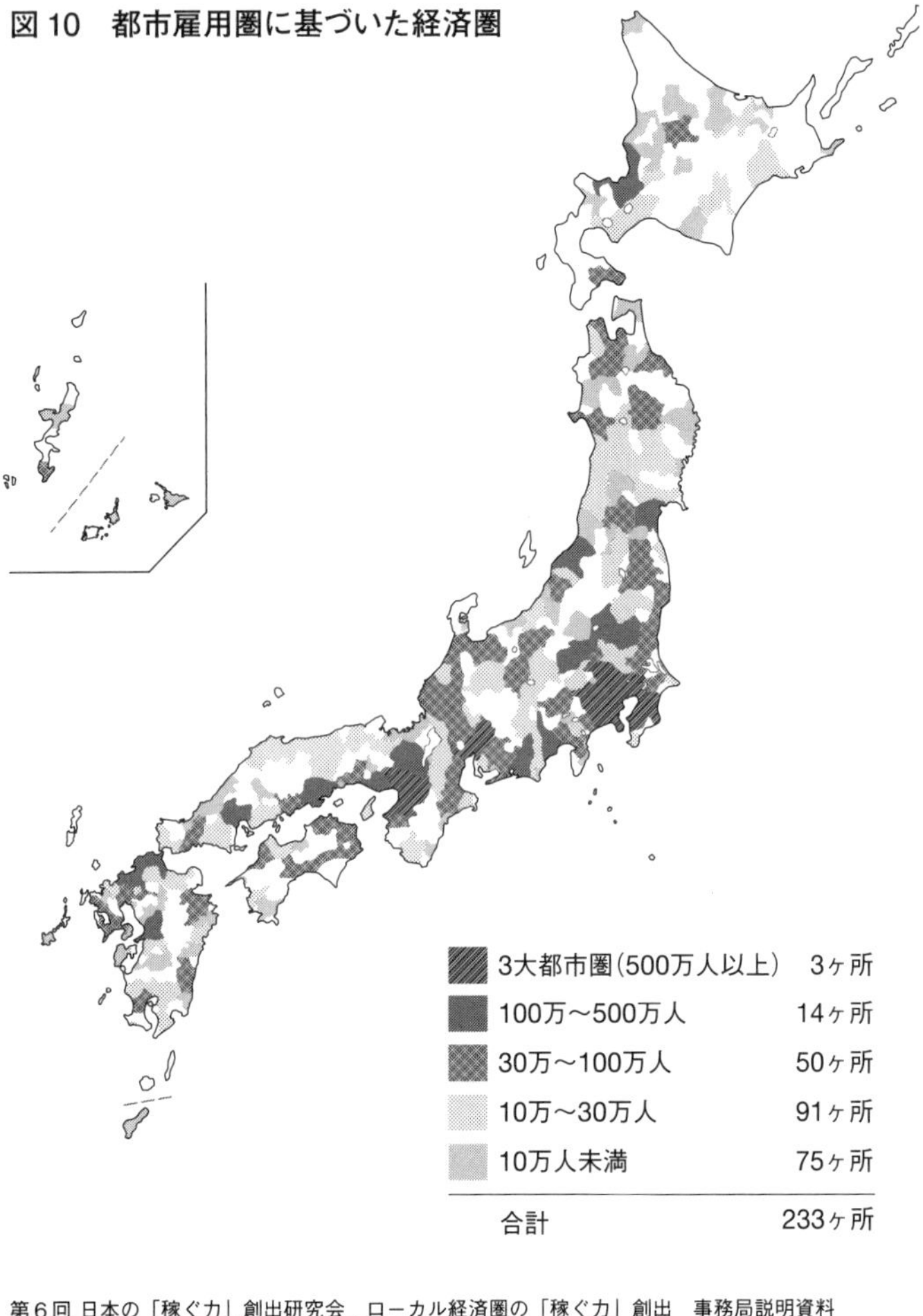

第 6 回 日本の「稼ぐ力」創出研究会　ローカル経済圏の「稼ぐ力」創出　事務局説明資料
2014 年 10 月 15 日　経済産業省　経済産業政策局
都市雇用圏に基づいて作成された経済圏：
http://www.meti.go.jp/committee/kenkyukai/sansei/kaseguchikara/pdf/006_03_00.pd

つ、圏域人口13万人の兵庫県豊岡都市圏だ。幸い、ここ10年で人口は減っていない。ここも候補地の一つになりそうだ。

ワゴンは1時間ほどで新岩国駅に着いた。Fさんと別れた我々は、新幹線に乗り帰途についた。さすがにタフな伯母さんも、さっきまで興奮気味に話していた裕子ちゃんも、しばらくすると座席に埋もれるようにして寝てしまう。車窓の外はすでに真っ暗だった。

伯母さんが抜け駆けした！

「防府ってところに戸建て賃貸をとりあえず3棟、建てることにしたわよ」

S社のUさんを訪ねてから1週間後に、私は伯母さんに呼びつけられた。部屋に入るなり、いきなりこうだ。いったい何ごとか、と怪訝な顔をしていると玄関の呼び鈴が鳴る。

「ボケっと突っ立ってないで、そこ、座んなさい……。あ、いらっしゃい、どうぞ、お入りください」

私のほかに誰か来たようだ。ソファに座ろうとすると、先に陣取っていた猫の平山さんが、不機嫌そうにどこかへ行ってしまった。

「狭苦しいところですけどごめんなさいね」

伯母さんが招き入れたのはS社のFさんだった。ほんの一週間前に新岩国の駅前で別れたばかりだ。すでに大きな身体に汗をかいているようだった。季節は梅雨時に入ろうとしている。

Fさんがソファに沈み込むと、私のほうが浮き上がってバランスが崩れた。私は端のほうへズレて肘掛けにしがみついた。

「何やってんのよ。冷たいものでもどうぞ」

伯母さんが麦茶を出してくれる。Fさんが恐縮した。

「今回は本当にありがとうございます。銀行さんには事業融資の計画書をすでに出しておりまして、奥さんの経歴ならまず大丈夫かと思います」

事業計画書？　私が素っ頓狂な声を出すと伯母さんが呆れたような表情で顔を背けた。

「バカみたいな声を出さないで。私はUさんところで戸建て賃貸を始めることにしたの。

とりあえず3棟。防府ってところに出物の土地があるんだって」

「え、戸建て賃貸ですか。伯母さん、いつ言おうかと思ってたんですが、５００万円で月20万円ってのはどう考えても無理ですよ」

「わかってるわよ、そんなこと。本当は自己資金、３０００万円は出せるのよ。でもキャッシュは持っていたいじゃない、融資してくれるならそのほうがいいの」

「でも、月20万ってのは」

「私がそんなに欲張りだって思ってたの。あんたも人を見る目がないわね。月に数万円でも大助かりよ。でも、いずれはそれを月20万にするから、まあ見てなさい」

「そんな……」

やはり、私が勘ぐっていた通り、伯母さんには数千万円くらいの資産があったのだ。大伯父さんの商売の規模を考えれば当然だが、信用できるのは血のつながった親類だと言うわりには水くさい。伯母さんにはしてやられたが、私は痛快でもあった。いつの間に着々と手を打っていたのだろう。私も負けていられない、と思った。

確かに月に数万円でも十分だ。自己資金が数百万円でも土地代にはなる。問題は立地と家賃設定、そして信頼できる「三位一体」の仲間だ。

Fさんが麦茶を飲み干してハンカチで汗を拭いた。

「Aさんが小田原のほうに土地があるって言ってましたよ。ご検討されたらどうですか」

私にもギャンブラーの気質があるのだろうか。

いや、不動産投資はギャンブルではない。特に戸建て賃貸は、ローリターンだがローリスクの堅実な投資でもある。やはり伯母さんは私にとってかけがえのない人生の教師なのだ。

猫の平山さんを抱いた伯母さんが、私に向かってほくそ笑んだように見えた。

第Ⅴ章

少ない元手で将来への不安を払拭させる

出口戦略という発想って？

「で、伯母さんはどんな土地に戸建て賃貸を建てるつもりなんですか？」

伯母さんとFさんへ交互に視線を向けながら、私は聞いた。興味があったのは、事業融資という借金で買った投資物件を、どう売り抜けるか、という点だ。

山口から帰ってから、私は自分なりに戸建て賃貸の可能性について研究していた。また、友人の大学教師KやファイナンシャルプランナーのN氏などとも再び会って相談していたのだ。

山口の教員Wさんのケースでも出てきたが、戸建て賃貸を建てる土地は、形が悪かったりして分譲には適さないものだ。そうでなければ、相場よりも安い価格で土地を手に入れる理由がない。

土地代を抑えなければ、上物との利回りで不利になるだろう。

だが、そういう土地をいかに安く手に入れたとしても、戸建て賃貸といういわば特殊な用途にしか使えないため、資産価値も低くなる。

利回りばかりに気を取られていると、いわゆる「出口戦略」、つまり値段が高い時期にいかに高値で売り抜けるか、という方法がとれない。そうなれば、ローンを支払いながら、流動性の悪い物件を売りたくても売れずに握り続けなければならないだろう。

そう言うと、伯母さんはバカにしたように首を振った。Fさんも少し肩をすくめたように見える。

「あなた、そんな考え方じゃ不動産投資はうまくいかないわよ。そもそも『カシータ』の戸建て賃貸は新築で建てるものなんだから、新築プレミアムもついて入居者も入ってくれるんだし、中古みたいに値段の相場が読めないものじゃないから、安い物件を高く売るなんてこともできないでしょ。もちろん、いい買い手が現れたら即座に売り抜けるつもりはあります。でも、そうそう都合よく、そんな相手がいるわけはないでしょう。最初から出口戦略を想定して土地探しから始めてたんじゃ、いつまで経ったって不動産投資なんてできないわよ」

「特に土地に関しては、なかなかいい出物がないんです。分譲でも売れるような土地は高いですし、Wさんのような手頃で立地もいい土地も珍しい。実際、周南地方ではあらかた土地が出払ってしまい、今では山口県内に広く探している状況なんです」

少し苦笑いをしながら、Fさんが大きな身体を揺すった。伯母さんは「でも……」と言いながら、私のほうへ顔を向けた。

「あなた、なかなか鋭いじゃない。私がFさんと話していたこと、それと無関係じゃないわよ」

まじめな顔つきになったFさんが座り直した。猫の平山さんが、身を乗り出した伯母さんの膝の上から飛び降りる。いったい何が始まるんだろう。

返済後キャッシュフローはいくらか

「あなた、戸建て賃貸、やりたいんじゃないの？」

「そりゃ、ちょっと興味があるって程度で……」

「何弱気なこと言ってんのよ、そんなんだから何をしてもうまくいかないんでしょ」

それに対しては強く反論できない。確かに自分で会社をやっているとは言っても、決して商売が成功しているとは胸を張れないからだ。伯母さんの助けを借りたことも二度や三度ではない。

「あんた、資金いくらくらい出せるの？　裕ちゃんは３００万なら用意するって言ってるけど」

「僕もそれくらいなら……」

「しけてるわねえ、いいわ。思い切って私が１０００万出すから、三人で合計１５００万ってところね。それを元手にして、山口で不動産投資やるわよ」

伯母さんの説明はこうだ。防府に購入する戸建て賃貸３棟、２７０平方メートルの土地代を含んだ価格は４０００万円。土地代が７００万円、「カシータ」３棟で建築費が３３００万円となる。

Ｆさんによると、伯母さんが建てようとしているエリアの家賃は、２ＬＤＫの「カシータ」戸建てで月10万円だそうだ。経費を入れない家賃収入は、年に３６０万円となる。

表面利回りは９％だが、固定資産税や修繕費、管理費などを含めた必要経費を２％とすると、純利回りは7％だ。そこから貸出金利2％を引いた経常利益が5％。つまり、年に200万円が経常利益となる。

「カシータ」は木造だから耐用年数は22年だ。新築だから減価償却資産の償却率は0・046。上物代3300万円に償却率0・046をかけると約152万円。耐用年数22年に年間の家賃収入をかけた利益は7920万円、それに減価償却費の152万円を足した約8000万円から貸出元金を引いた金額が、返済後のざっくりとしたキャッシュフローとなる。

果たしてこの返済後キャッシュフローがいくらになるか、といえば8000万円引く2500万円で約5500万円になる。

伯母さんは、4000万円の物件の場合、22年後のキャッシュフローで計算すると5500万円から4000万円を引いた約1500万円の売却益が期待できる、と言った。この計算はちょっと知識があればわかることだから、新築を建てるメリットは時期を逃さずにうまく売り抜くことになる。ただ、不動産を売買するときに取引手数料が10％ほどかかるから、それを案分しなければならないが。

図11　伯母さんのプラン

■年間経常利益は？

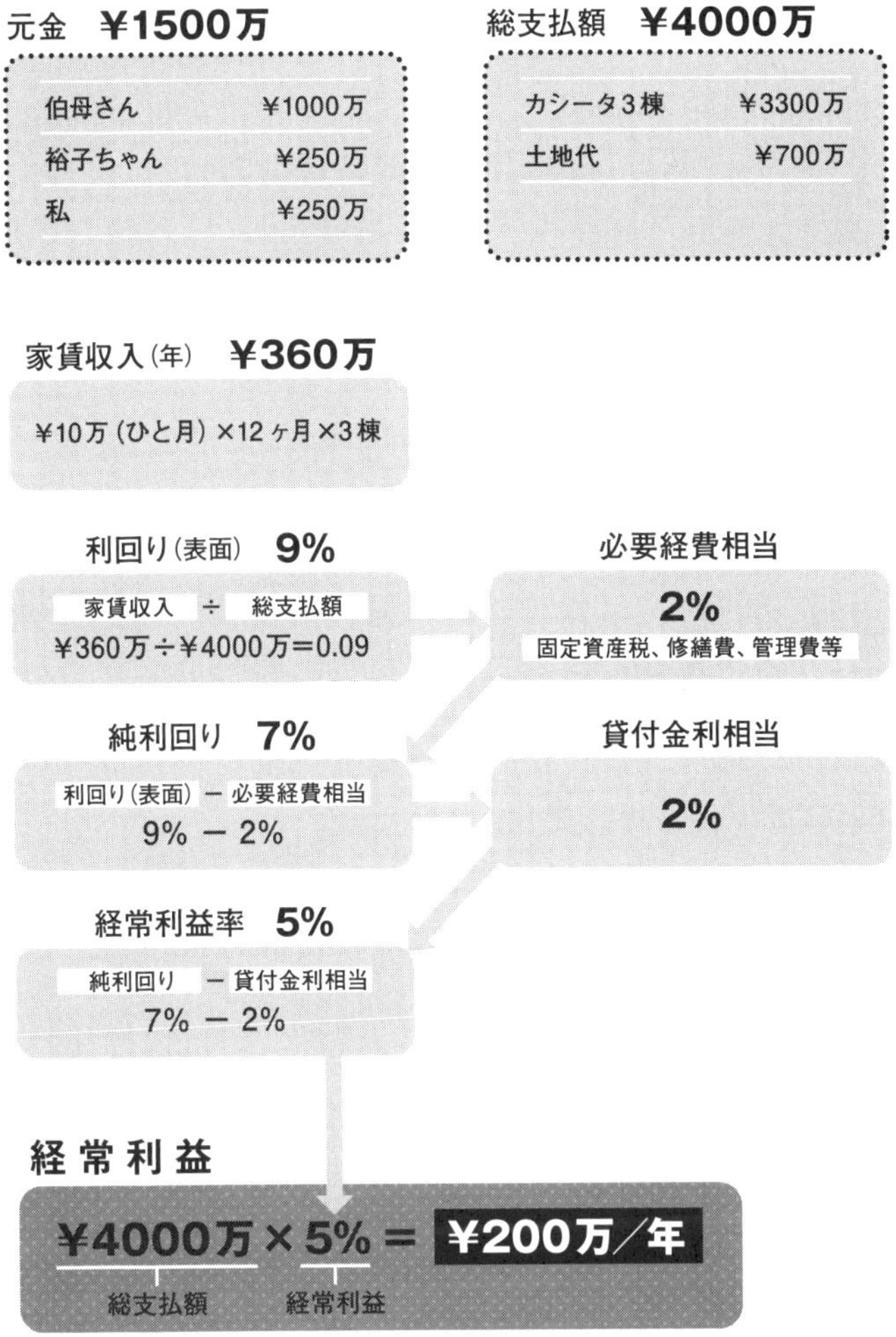
元金　¥1500万
伯母さん　¥1000万
裕子ちゃん　¥250万
私　¥250万
総支払額　¥4000万
カシータ3棟　¥3300万
土地代　¥700万
家賃収入（年）　¥360万
¥10万（ひと月）×12ヶ月×3棟
利回り（表面）　9%
家賃収入 ÷ 総支払額
¥360万÷¥4000万＝0.09
必要経費相当
2%
固定資産税、修繕費、管理費等
純利回り　7%
利回り（表面）－ 必要経費相当
9% － 2%
貸付金利相当
2%
経常利益率　5%
純利回り － 貸付金利相当
7% － 2%
経常利益
¥4000万×5%＝¥200万／年
総支払額
経常利益

■返済後のキャッシュフロー＆売却益

カシータ耐用年数（木造）
22年

×

減価償却率（新築）
0.046

＝

減価償却費　**約¥152万**

建築費　減価償却率
¥3300万 × 0.046

総利益　**約¥8000万**

耐用年数　家賃（年）　減価償却費
22年 × ¥360万 ＋ 約¥152万

返済後のキャッシュフロー　**約¥5500万**

総利益　貸付元金
約¥8000万 － ¥2500万

売却益 ≒ 約¥1500万

キャッシュフロー　総支払額
¥5500万 － ¥4000万（取引手数料10%除く）

「借金返済額を減価償却費でまかなうことができるのが新築の強みなのよ」

「それってFさんの請け売りでしょ、伯母さん」

ちょっと感心しながら私は腕組みをした。利回りだけに気を取られず、売却する際のキャッシュフローまで視野に入れて考える、というわけだ。価値のある物件なら、多少は土地の形が悪くても投資先としても魅力的だろう。

「上物は必ず経年劣化するものよ。形の悪い土地は、どうしても積算価格が安く見積もられるから、レバレッジの原資には向かないかもしれないわ。Fさんに頼んだのは、売り急ぐことはしないけど、いい買い手がいたら紹介して、ってこと」

ちなみに、伯母さんが買おうとしている土地270平方メートルの積算価格は平方メートルあたり3万円だが地形が悪いので20％減の2万6000円として約700万円、「カシータ」の延べ床面積を約90平方メートルとすると、新築の積算価格は木造の単価15万円／平方メートルに90をかけた1350万円が3棟分4050万円、合計約4750万円だ。これを手数料を入れないとしても4000万円で買ったわけだから、まああの目利きだろう。

このように、「カシータ」はクォリティが高い商品住宅だが、その価格の安さも大きな特徴だ。S社のU社長は、規格が統一されていることで低価格を実現できている、と言っていた。図面を新たに描き起こすわけではないから設計料が別にかからないし、それを元にしてネットワークに加盟する工務店が効率よく建設することができる。さらに、部材を大量発注大量生産するのでスケールメリットを最大に活かせるからだそうだ。

「私も70なんだから勝負に出るわよ。あなたもフンドシを締め直しなさい」

「でも伯母さん、経常利益が年に200万円でそこから元本も返すわけだから、月に20万円ってのにはとうてい届かないですよ。それはわかってるんですね?」

そんな私の言葉に、伯母さんはFさんのほうをちらりと見た。Fさんが麦茶を飲んでから、汗でぬれたシャツの腕をまくった。

「実は、もう何件か投資物件を探してまして……」

都市雇用圏で出物を探せ！

その後、我々三人は何度か山口県へ足を運んだ。

伯母さんは、溜め込んだ資産を冥土の土産だと言いながら、かなり戸建て不動産に投資し、すでに10棟ほどのオーナーになっている。もちろん、すべて山口県内というわけではないが、地方のいわゆる「都市雇用圏」に産業があり、子育て世代の人口増が見込まれるエリアに絞って何カ所か話を進めているようだ。

伯母さんの投資額は、事業融資を入れるとすでに2億円に近い。年齢もあるが、個人ではそのくらいが限界らしい。だが、大伯父さんの商売を継ぎ、都内で少しは名前も知られた存在だったので、銀行のほうも期待してお金を貸してくれているのだろう。

すでに最初、私が伯母さんから言われた月20万円の目標に近づいている。もちろん、500万円の手持ち資金でこの金額になったわけではないが、最初に投資した物件のリターンを元手に1棟ずつ建て増しした結果だ。

最初に投資した戸建て賃貸が軌道に乗り、空室率もほとんどゼロに近い、という実績があれば、その後は銀行から融資してもらいやすくなったことも大きい。個人投資の場合、こうした信用力をつけるのも重要なのだ。

大学の友人Kから教えてもらった都市雇用圏の概念では、常住比という割合も重要になる。これは通勤する人がどれくらいいるか、つまりそこに集中して住んでいない人の割合のことで、東京都市圏は1・6前後、大阪都市圏が1・7前後というように夜間人口が少ないほど数字が高い。

常住比が低いエリアは、通勤者が少なく、それだけ集中して人が住んでいることになり、このような環境で戸建て賃貸のニーズが高いかもしれない。伯母さんは、そんな観点から投資物件を探しているようだ。

この都市雇用圏を伯母さんに教えてあげたのは私だが、やはり縁故がない土地は不案内で目を向けにくいのは事実だろう。

戸建て賃貸では、土地の価格が重要になる。私の好きな日本酒のある山形も土地の値段がそこそこ安く、都市雇用圏にもなるが、残念ながら常住比が高く人口も減少しつつあるようだ。

私は、妻の実家がある兵庫県豊岡市のほうへ下見に行っている。ここも都市雇用圏だ。何度か足を運んでいるが、なかなかいい物件と出会えない。やはり、地元の工務店と不動産業者、そして金融機関の三位一体がうまく機能しないと難しいようだ。

その代わり、カシータ・ネットワークのT工務店のAさんが、神奈川県小田原市のほうに物件を紹介してくれることになった。今度の休みに妻と一緒に下見に行くつもりだ。もちろん、小田原も都市雇用圏だが、人口減少が進んでいる。逆に常住比が低いので、中心街に出物があるかもしれない。

また、友人が三島で警備会社をやっている関係で、静岡県の東部でも物件を探そうと考えている。戸建て賃貸のニーズを考えると、親の世代にすでに持ち家がある20代後半から30代40代の子育て世代ということになるが、新幹線の三島駅で東京への通勤圏になった三島という街もそうした世代がいる可能性がある。

三島は都市雇用圏ではない。だが、隣の沼津が都市雇用圏だ。ところが、沼津は大企業の撤退が相次ぎ、人口減少が激しい。逆に三島のほうが活気がある。そのあたり、狙い目ではないかと考えたわけだ。

裕子ちゃんは、旦那さんの実家がある愛知県豊橋市のほうで物件を探しているようだ。ここは都市雇用圏で、しかも常住比が低く人口が増えつつある。私も豊橋はいいと思っている。チャンスがあったら便乗させてもらうつもりだ。

伯母さんが最初に山口県防府市で始めた3棟の戸建て賃貸は、入居者の募集をかけるのとほぼ同時くらいに満室になった。2棟は地元の大企業が借り上げたが、Fさんによればその会社は戸建て賃貸ができるのをずっと待っていたらしい。

微々たるものだが、私にも投資額に応じた月々の家賃収入が入るようになった。リスクはすべて伯母さんが負ったようなものだから、私が不動産投資をした、と言うと彼女から笑われそうだ。

だが、S社のU社長が言っていたように、今では本当にローリターンだがローリスクなのが「カシータ」のような新築戸建て賃貸への投資なのだ、と実感している。

リスクをとるものが利益も手にする

最後に、私たちがUさんから伝授された戸建て賃貸の需要ニーズのある土地の見極め方を紹介しよう。ニーズをしっかりつかめば、空室リスクを限りなく小さくできる。不動産投資のリスクの中で最大のものの一つが空室リスクだろう。

まず、**①賃貸のアパートやマンション、それに一戸建ての一般住宅が混在しているエリアがいいらしい**。さらに地元の不動産業者の店先に出ている物件を見回って、戸建て賃貸が少なかったらほぼ確実だ。

また、前述のような**②都市雇用圏、つまり大規模な就業先があり、子育て世代の勤め人が多いエリアも狙いだ**。そもそもの潜在ニーズが期待できるし、法人が社宅扱いで借り上げてくれる可能性も高い。

Uさんは、自分の工務店で働いてくれる若い世代が持っている将来への不安感に気づいたときが「カシータ」を発想した原点だった、と言う。それをいかにして解消してあげられるのか、と考え抜いて戸建て賃貸にたどり着いた。

図12　賃貸経営の事業収支計算 - 既所有土地に新築（物件概要）

建物

新築価格	7050万円
建物構造	木造
地上階数	2階
固定資産税評価率	50%

資金調達（元利均等返済）

自己資金	500万円
借入金額	6550万円
当初の借入金利	1.9%
11年目以降の借入金利	2.5%

賃貸条件	部屋タイプ	家賃月額	戸数	面積
部屋タイプ1	賃貸住宅	10.5万円	5戸	450㎡
部屋タイプ1				
部屋タイプ1				

礼金	1ヶ月

	月額使用料	台数
駐車場	0万円	12台

賃料上昇率	0%
当初の空室率	0%
11年目以降空室率	2.8%

初年度経費

初年度経費率（対新築価格）	6%

印紙税	-
不動産取得税	-
登録免許税（保存登記）	-
登録免許税（抵当権設定）	-
土地家屋調査士手数料	-
司法書士手数料	-
火災保険料	-
ローン保証料	-
その他経費	

毎年度経費

維持・修繕費	5万
維持・修繕費上昇率	0.5%
管理委託費（対満空室賃）	5.08%
土地の時価（㎡単価）	3万円
土地の面積	826㎡
土地固定資産税評価割合	70%
土地固定資産税・都市計画税	5.8万円

資金調達

他の年間課税所得	2000万円
所得上昇率（年）	0%

事実、Fさんも3棟の戸建て賃貸のオーナーであり、S社の幹部社員で一級建築士のYさんは合計12棟を持っている。彼らはごく普通のサラリーマンで、地元の金融機関から事業融資を受けて戸建て賃貸に投資している。住宅ローンでは出ない融資が、きっちりした事業計画書の裏付けのある収益が期待できる事業なら出る。

利益に対する投資が資本主義の原動力だし、投資にはリスクがつきものだ。リスクを覚悟で投資する者が、資本主義では最も認められる存在なのも事実だろう。

だが、投資をするときには臆病くらいがちょうどいい。

周囲をよく見回し、自分の頭で考え、リスクを限りなく小さくしてから飛び込んでも遅くはない。「バスに乗り遅れるな」というかけ声に惑わされず、いつでも撤退できる姿勢で慎重に前に進めば、あなたも必ずやリスクを覚悟した見返り、戸建て賃貸オーナーという利益を手にできるはずだ。

おわりに

19世紀後半の英国は、ビクトリア朝の繁栄で世界でも屈指の大帝国を築いた。その一方で貧富の差が広がり、ロンドンのあちこちに非衛生的な貧民街が出現し、大きな社会問題になっていた。

オクタヴィア・ヒル（1838〜1912）という女性は、そんな英国に社会起業家の先駆的な存在として現れた。彼女は、貧困者のための住宅提供を含む福祉活動をしたが、ナショナル・トラスト運動の創設者としても有名だ。

彼女が考え出した方法は、単なる慈善活動や貧民救済ではなかった。ファンドを利用し、5％の利回りで投資を募り、ウィンウィンのビジネスとして成立させた。こうして貧しい人たちを貧民街から公営住宅へ移し、それがロンドンの衛生状態を改善することにもつながった、と言われている。

ところで、投資というのは、すべからく「ゼロサムゲーム」と思われがちだ。特に、為替投資や株の短期売買にはゼロサム的な要素が強い。株価が上がる株もあれば、下がる株もある。どこかで誰かが勝てば、どこかで誰かが損をする、というわけだ。

昨今の政府行政の経済金融政策は、国民すべてをこのゲームに引き入れようとしているように思える。

安全かつ効果的に運用できる投資対象を求め、世界中の「カネ」が夜も昼もなく蠢き続けている。そうした「カネ」の総量を増やしてやれば相場も高めを目指して動くんじゃないか、という期待感を煽る行為が、いわゆる「量的緩和」だ。日銀を含めた政府行政が、鉄火場を作ろうとしてきたのが「アベノミクス」ということになる。

一部の誰かが大きく勝てば、多くのプチ敗者が生まれる。誰もが敗者にならないよう、必死になって知恵を絞り努力をし、なんとかサバイバルしようとしているのが今の日本だろう。

不動産投資はどうだろうか。どこかの物件の価値が上がれば、それを補うためにどこかの物件の価値が下落する、というわけではない。誰かの犠牲の上に利益を出しているわけではないのが不動産投資とも言える。

だが、社会全体、国全体がゼロサムゲームの様相を呈している時代に、何か手立てを打たなければサバイバルできないのも事実だ。以下、暗い話を立て続けに書く。世紀末ロンドンのような風景が見えてくるかもしれない。

高齢化や人口流出、限界集落化、空洞化などにより、住む人のいなくなった家が全国で増えている。総務省によれば、全国の空き家戸数は２０１３年の時点で約８２０万戸もあった。空き家率は13・５％で過去最高となった。国交省が主導して「空き家」対策に関する法律が施行された。地方自治体も増え続ける空き家に頭を悩ましている。

都会は生活費、特に住宅費が高い。都心から離れた遠方へ行けば安い不動産があるが、通勤時間や交通費などを考えれば良い選択でもない。都心で高給取りになることができれば問題はないが、今の多くの若い世代にとっては難しいだろう。

東京23区の場合、生活保護費の中の住宅扶助費の上限は、単身者で5万３７００円だそうだ。２０１１年1月に新宿区大久保で起きた木造二階建てのアパートの火災では、５人の住人が亡くなられ、そのうち４人が70歳以上の高齢者だった。

このアパートは、ほかが入居を嫌がる単身の高齢者を受け入れていたが、周辺の相場より高い家賃を取っていたらしい。行き場のない高齢生活保護費需給者を受け入れる場合、住宅扶助費の上限までむしり取る、という背景があるとも言われている。

日本経済には客観的に見て将来性がない。どう糊塗しようが嘘をつこうが、株を梃入れでちょこっと上げようが、これはもう変わらない事実だ。

団塊世代がリタイアして生産人口が減り、労働力不足のわりに賃金が上がらず、円安もあって生活物価は上がっている。これでは内需が復活するわけもない。

ＧＤＰを上げ、内需を持ち上げないと経済は上向かない。内需を上げるには賃金を上げ、設備投資を増やすのが効果的だが、企業は依然として内部留保を溜め込むばかりでそちらのほうにはあまり金を使わないようだ。

不動産はどうだろう。

日銀短観（全国企業短期経済観測調査、２０１５年９月調査全容）によれば、不動産業で大企業、中小企業を併せた全規模の土地投資額合計（有効回答社数４９３社）は、２０

12年度が7283億円、2013年度が8530億円、2014年度が1兆1980億円、2015年度が1兆1348億円となっている。これを中小不動産業（有効回答社数245社）で見ると、2012年度1399億円、2013年度1347億円、2014年度2053億円、2015年度1466億円となり、全規模で見れば増加傾向であるものの、中小規模不動産業の土地投資額はここ数年そう伸びてはいない。

問題は、これをどう見るかだ。不動産投資のチャンスと考えるのか、まだ様子見の段階ととらえるか、それともおとなしく撤退して閉じこもってしまうのか……。

不動産業界では「市場に出てきた物件はすでに業界内では誰も手を出さない」と言われる。市場に出てくる前に業界内に情報が出回って取引が行われ、旨みのある物件が市場に出てくることはほとんどない。

業界内で良物件をまわしているので、素人の一般人は残り物に手を出さざるを得ない。一種のインサイダーな取引と言えるだろう。これを、そんなものには危なくて手が出せない、と考えるだろうか。

一方、不動産に限らず、商品は買ったその瞬間から中古になる。中古品の価格が劇的に下がるのは常識だ。

不動産は何十年も所持することもある。その間の値下がり額は、ちょっと想像を絶するものになる。

買った不動産を将来どうするのか、よく考えて買いなさい、というわけだが、中古になっても値下がり幅が低い物件もある。まったく同じ条件の不動産が、Aでは1億円、Bでは3000万円、という話を聞くことも多い。探せば掘り出し物を見つけることもできるのが不動産投資の醍醐味、と言われるゆえんだ。あなたは、いい物件を探し出す「目利き」ができるだろうか。

今は「歴史的な低金利時代」とも言われている。投資には、手持ちの現金や現物を利用するものと、資金を借りてやるものがあるが、後者はレバレッジと言われている。金利が安いから投資資金を借り、それを上回る利回りの案件に投資すれば、いわゆる「イールドギャップ」による金利差で利益を得ることができる。

だが、超低金利は永遠に続くはずはない。実際、欧米の長期金利は上昇に転じているし、日本でも2003年に長期金利が0・43%まで下げた直後に2%近くまで急激に上がった「VAR(Value at Risk)ショック」のようなことが起きるのでは、と警鐘を鳴らす人もいる。むしろ、欧米が量的緩和政策を止めた肩代わりを日本に押しつけている、とも言える。

では、今の安い金利のときに固定で借りておいたほうがいいのだろうか。今がレバレッジの決断時期なのだろうか。この日本の歴史的な超低金利は、いつまで続くのだろうか。

未来のことは誰にもわからない。だからこそ、消費行動が保守的になるし、安定した投資先を鵜の目鷹の目で見つけようとする。

ゼロサムゲームで負け組になりたくないのは誰でも同じだ。かといって、高潔な意志を持って世紀末ロンドンの社会起業家のような「偉人」になれるわけでもない。

だが、売れる商品は買い手の側の利益に合致したものでなければならない、ということもすべからく真実だろう。ウィンウィンのビジネスモデルは、提供者と受託者の利益が一致したところに生まれる。

おわりに

本書は、不動産投資における戸建て賃貸の可能性について紹介したものだ。高齢者と中高年、そして子育て世代の三人が戸建て賃貸は本当にローリスクな不動産投資なのか、実際に戸建て賃貸の工務店ネットワークを広く展開している企画集団に取材して書いている。

構成の中心になるのは、消費者の潜在欲求、リスクマネジメント、利益、投資パートナー、といったところだが、取材している過程では特に最後のパートナーの存在の重要性が印象に残った。

不動産投資は、一種の「共同作業」だからだ。どれだけ有益な情報を得られるか、どのような物件にどれくらいの値付けをするのかは、こうしたパートナーとの一種の「グループ感」の共有がないとうまくいかない。これは「共鳴」や「共感」とも言い換えられるが、ウィンウィンのビジネスモデルを成功させるための重要な要因の一つだ。

実際、私自身も地元の信用金庫に戸建て賃貸の企画案を持ち込み、事業融資を申し込んだ。さすがに門前払いにはならなかったが、いきなり素人が訪れても金融機関はなかなか首を縦には振らない。しかし、地元の工務店が味方についてくれれば、融資を受ける際にも大きな援軍となるだろう。

魅力的で「グループ感」を感じられるパートナーが見つけられるかどうかが、戸建て賃貸に限らず、不動産投資には欠かせないように思える。その意味で、本書を書くに当たって取材した工務店ネットワーク集団は大きな力になるはずだ。これから戸建て賃貸をやってみよう、と考える読者がいたら共感できるパートナーを探してみることをお勧めする。

最後になったが、編集の沖田雅生さん、ダイヤモンド社の花岡則夫さんに感謝します。どうもありがとうございました。

石田　雅彦

2015年12月吉日

[著者]

石田雅彦（いしだまさひこ）

商業雑誌編集長などを経て、編集プロダクション㈱醍醐味エンタープライズ代表。個人では自然科学から社会科学まで取材の幅を広げ、雑誌や書籍、webも含む著述・編集・制作活動を行っている。著書に『恐竜大接近』(集英社)、『チェッカーフラッグはまだか』(集英社)、『遺伝子・ゲノム最前線』（扶桑社)、『ロボット・テクノロジーよ、日本を救え』（ポプラ社)、『トリハダ』（扶桑社)、『季節の実用語』（アカシックライブラリー)、『TOKYOエアポート』（扶桑社）など多数。静岡県出身、横浜市在住。

少ない元手で資産を増やす！

プレミアム戸建賃貸資産活用術

2015年12月17日　第1刷発行

著　者——石田雅彦

発行所——ダイヤモンド社

〒150-8409　東京都渋谷区神宮前6-12-17

http://www.diamond.co.jp/

電話／03·5778·7235（編集）　03·5778·7240（販売）

ブックデザイン—坂井栄一

編集協力——沖田雅生

製作進行——ダイヤモンド・グラフィック社

印刷————信毎書籍印刷(本文)・共栄メディア(カバー)

製本————本間製本

編集担当——花岡則夫

ISBN 978-4-478-06747-5